KPI・目標必達の

コンテンツマーケティング

成功の最新メソッド

敷田憲司、徳井ちひろ　共著

エムディエヌコーポレーション

はじめに

　インターネット業界は、今もとても激しく変化しています。現在では、お年寄りから小さな子どもまでスマートフォンを持っていて、WebサイトやSNSの利用が生活の一部として溶け込んでいます。箱型のPCでインターネットを楽しんでいた時代から考えると、デバイスも利用範囲も大きく変化していますね。

　このような時代の変化に合わせて、企業からプッシュするのではなく、"顧客から見つけてもらう"マーケティング手法である「コンテンツマーケティング」に、前にも増して注目が集まっています。多くのマーケティング手法がある中で、コンテンツマーケティングがここまで注目されるのは、企業側のPR情報を一方的に押し付けるのではなく、ユーザーとの関係性構築に優れた手法だからです。

　コンテンツマーケティングに取り組む企業も増え、現代は正にコンテンツ隆盛期です。しかし、世の中にたくさんのコンテンツが溢れている今だからこそ、たくさんのコンテンツに埋もれてしまわないよう、きちんとした戦略・設計・ノウハウが必要なのです。

　本書では、コンテンツマーケティングの基礎知識から、コンテンツの企画・制作方法といった具体的な施策のほか、コンテンツマーケティングに成功しているWebサイト運営担当者へのインタビューまで、"コンテンツマーケティングを成功に導くためのノウハウ"をまとめています。業種業界ごとのベストプラクティスを知り、自社にとって最適な戦略を考えてみてください。

　これからコンテンツマーケティングをはじめる方はもちろん、すでにコンテンツマーケティングを実施している方にとっても役立つ内容となっております。本書がみなさまの一助になることを心から願っております。

徳井ちひろ

Contents もくじ

Chapter 2　コンテンツマーケティングのはじめ方

Chapter 3 コンテンツマーケティングの運用

▶コンテンツマーケティングの管理

▶コンテンツマーケティングの周知と集客

Chapter 4　コンテンツマーケティングの成功事例から学ぶ

Chapter 1

コンテンツマーケティングの
基礎知識

コンテンツ
マーケティング？

section
01

「コンテンツマーケティング」 の意味

コンテンツマーケティングという言葉が広く認識されるようになってしばらく経ちますが、コンテンツマーケティングのことを「ブログを更新すること」、「SEO用の記事のこと」、「SNSでバズる記事のこと」などと理解している方も多くいるのではないでしょうか。ここでは、改めてコンテンツマーケティングとはどういった意味なのかを振り返っていきます。

コンテンツマーケティングとは

　コンテンツマーケティングとは、読者にとって価値のある情報を提供することによって、見込み顧客とコミュニケーションを取り、購買までつなげるためのマーケティング手法です。

　企業側が伝えたい情報を一方的に発信する従来の広告手法とは異なり、ニーズが明確化できていない潜在的な層に対して広く接触する「認知拡大」と、コンテンツを通して関係構築・ファン化させる「顧客育成」の効果が期待できます **01**。

01 コンテンツマーケティングのイメージ

「マーケティングとして」のコンテンツマーケティング

はじめに話した「ブログを更新すること」、「SEO用の記事のこと」、「SNSでバズる記事のこと」。これらは、"コンテンツマーケティングというマーケティング施策の一部"という意味ではすべて正解です。ただし、単体をひたすら実行しているだけでは、本当の意味でコンテンツマーケティングを実践しているとは言えません。

■ ブログ更新＝コンテンツマーケティングではない

筆者はほぼ毎月、コンテンツマーケティングに関するセミナーで講師として登壇しているのですが、その際「コンテンツマーケティングを実践されている方はいますか？」と聞くと、半数以上の方が挙手されます。そして、「成果に満足している方だけ手を上げ続けてください」と続けると、大半の手が下がります。

よくよく話を聞いてみると、「ブログを更新しています」、「読者にとって有益なコラムを更新しています」という方がほとんどなのですが、ただ単純にブログやコラムを更新することは、本質的なコンテンツマーケティングではありません。

きっと、ブログの更新によって流入は増えるでしょう。しかし、その先にあるはずのお問い合わせや商品購入までを考えると、「広く認知拡大するためのコンテンツ」、「見込み顧客の課題意識を認識させるためのコンテンツ」、「商品を売り込むためのコンテンツ」など、顧客を育成していくという目線で、全体的にコンテンツ設計をしていく必要があります。

■ コンテンツSEOとの違い

先ほどの話ともつながっているのですが、多くの方が実践して「コンテンツマーケティング」だと認識しているものは、「コンテンツSEO」だったりします。コンテンツSEOとは、特定のキーワードで上位表示するためのコンテンツを作り、潜在層の集客をするための施策です。

コンテンツマーケティングの一要素ではありますが、コンテンツSEOだけに注力してしまうと、「集客はできているけれど、成果が出ない」という状況に陥ります。多くの方が「コンテンツマーケティングを実施したけれど、成果が出ない」、「コンテンツマーケティングは、CVにつながりづらい」と考える理由の大半は、この誤解によるものが大きいのではないでしょうか。

SNSでバズるコンテンツにとらわれすぎない

SNSで拡散され、一気に流入が増える、いわゆる"バズる"コンテンツを作ることをコンテンツマーケティングだと認識している方もいます。これも、コンテンツSEOと同様に、コンテンツマーケティングの一要素であり、すべてではありません。バズるコンテンツは、企画にかなりの労力を要しますし、必ずしも意図した拡散数になるとも限りません。一気に流入が集まる反面、流行りが終われば流入もなくなるので、バズるコンテンツだけにとらわれすぎないようにしましょう。

CVとは

CVとは、conversion（コンバージョン）の略で、Webサイトにおけるゴール地点のことです。資料請求や問い合わせ、商品購入など、Webサイトによって CV の設定は異なります。

なぜコンテンツマーケティングが
注目され続けるのか？

コンテンツマーケティングという言葉が日本で流行り出したのは、2013年頃でしょうか。この本を執筆している現在においても、コンテンツマーケティングは多くのマーケターが注目しており、欠かすことのできない施策のひとつです。なぜコンテンツマーケティングがここまで注目され続けるのか。その他のWebマーケティング施策との関係性からひも解いていきましょう。

Webマーケティング施策の種類

　世の中には、たくさんの種類のWebマーケティング施策が存在します。ただ「流行っているからコンテンツマーケティングを行う」のではなく、数多くの施策についてきちんと熟知した上で、それぞれの場面で適切なコンテンツマーケティングを選択できるようにしましょう **01** 。

01 Webマーケティング施策リスト

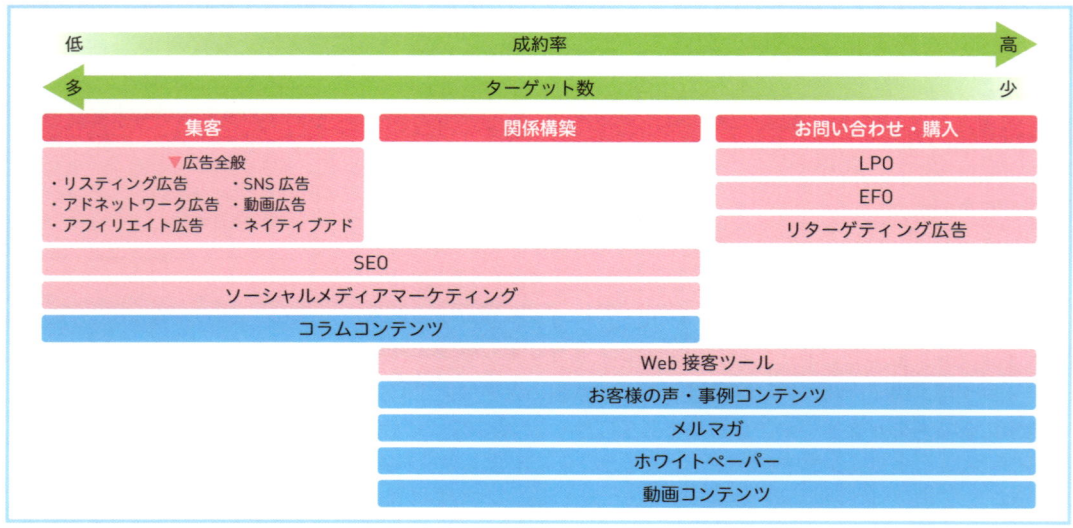

青い部分が、コンテンツマーケティングの領域です。

■ コンテンツマーケティングと共存するマーケティング施策

Webサイトや SNS は、いわばコンテンツの集合体です。コンテンツマーケティングと共存関係にある施策もたくさんあります。

□ SEO

SEOは、コンテンツマーケティングと共存関係にあります。検索エンジンは、ユーザーにとって有益な情報提供をすることをミッションとしているため、情報が豊富なサイトを高評価します。

技術的な SEO の実装ももちろん非常に重要なのですが、SEOで上位表示したいキーワードがあったとしても、受け皿となるコンテンツが無ければ施策のしようがありません。そのため、SEOを成功させるために、コンテンツは必要不可欠なのです。

SEO は広告ではないので、一度軌道に乗ってしまえば、費用をかけずに集客することができるのが大きなメリットです。デメリットとしては、専門的な知識が必要となるため、自社で専門スタッフを雇ったり、外部に外注する必要があり、初動に費用がかかることです。

□ ソーシャルメディアマーケティング

Twitter や Facebook、Instagram などの SNS の運用は、ユーザーとのコミュニケーションを取る上で非常に重要になってきています。最近では、企業アカウントが一般ユーザーと交流している光景を見ることも多いですね。Webサイトのコラムを SNS で発信したり、動画コンテンツを用意して配信したり。SNS での活用という面でもコンテンツマーケティングは非常に重要です。

ソーシャルメディアマーケティングのメリットは、よりユーザーと近い視点でコミュニケーションを取ることで、ユーザーの心理的ハードルを下げられるという点です。良い印象を与えることができれば、ブランディング効果が得られます。しかし、運用工数がかかるため、専任担当が必要だったり、炎上リスクと常に隣合わせだということがデメリットとして挙げられます。

□ リターゲティング

サイトへの訪問履歴があるユーザーに限定して広告配信ができる広告メニューです。一度離脱したユーザーを改めてサイトに誘導することができるため、刈り取りに強いというメリットがあります。しかし、そもそもサイトへの訪問が少ない場合、配信母数が確保できないというデメリットがあります。

SEOとは

SEO(Search Engine Optimization)は、「検索エンジン最適化」という意味です。Google などの検索エンジンで、検索結果の上位に出るようにするための施策を「SEO対策」と言います。

SEO は、"複雑で、簡単になってきている"と言われています。検索エンジンがどんどん賢くなってきているため、単純な作りのサイトであれば、そこまで深く気にせずとも、検索エンジン側がサイトの構造を理解して、コンテンツを評価してくれます。しかし、だからこそ、大規模ECサイトや複雑な検索システムを持つようなサイトの場合、検索エンジンを混乱させてしまうことがあるため、SEO の細かい知識が必要になるのです。

リターゲティングとリマーケティング

実は、どちらも訪問ユーザーに対して広告配信を行う広告メニューです。違うのは媒体だけ。Yahoo! での名前がリターゲティング。Google での名前がリマーケティングなのです。

広告だけで初回接触の母数を集めるのではなく、SEOやコンテンツマーケティングなど、自然検索周りの施策と組み合わせると費用対効果が高まります。例えば、配信母数を確保するため、集客用のコンテンツで広く初回接触を持ち、サービスへの誘導にリターゲティング広告を使用するという手法は有効です。

■ 別視点で考えるべきマーケティング施策

コンテンツマーケティングだけでは実現が難しい目標も、もちろんあるでしょう。ここでは、コンテンツマーケティングとは別視点として考えるべきマーケティング施策について、コンテンツマーケティングとの比較とあわせて紹介していきます。

□ 広告全般

集客分野で特に活躍するインターネット広告は、設定をすればすぐに出稿可能なため、成果が出るまでのスピードに大きなメリットがあります。また、表示される場所や表示される内容をある程度コントロールできることも大きな強みです。デメリットとしては、多くの広告で表示枠をオークション形式で競り合っているため、競合の多い企業の場合、多額の費用がかかることです。また、費用はすべて広告費用として媒体に支払うことになるため、費用投下をやめれば、成果は0に戻ってしまいます。

その点コンテンツマーケティングは、制作した後のコンテンツがWebサイト上に資産として残っていくため、ある程度の費用をかけてコンテンツを作ってしまえば、半永久的に効果が持続されます。

□ LPO・EFO

LPOやEFOは、CVR（お問い合わせ率）を改善する上で非常に重要な要素です **02**。コンテンツマーケティングでは、ユーザーの"気持ち"をどんどんCVに向けて育んでいくことはできても、機能的な"お問い合わせしやすさ"の部分には関与できません。メリットこそあれ、デメリットはひとつもありませんので、LPOやEFOなど、ユーザビリティにもきちんと目を向けましょう。

インターネット広告には、たくさんの種類があります。例えば、検索エンジンの上部に「広告」として出てくるリスティング広告、Webサイトやアプリなどに出てくるアドネットワーク広告、TwitterやFacebookなどに出て来るSNS広告などがあります。

コンテンツマーケティングは、成果が出るようになるまでには時間がかかるため、短期間で成果を出したいキャンペーン施策などについては、広告で施策を行った方が良いでしょう。

LPO／EFO

LPO(Landing Page Optimization)は、「LPの最適化」という意味です。LP（ランディングページ）の構造や内容を改善して、よりCVを増やすための施策のことを指します。
EFO (Entry Form Optimization)は、「入力フォーム最適化」という意味です。お問い合わせ・資料請求・会員登録などのフォームを改善して、よりCVを増やすための施策のことを指します。

ランディングページ

ランディングページ (Landing Page)とは、閲覧する人が検索した結果や広告などをきっかけに、最初にアクセスするページのことを指します。

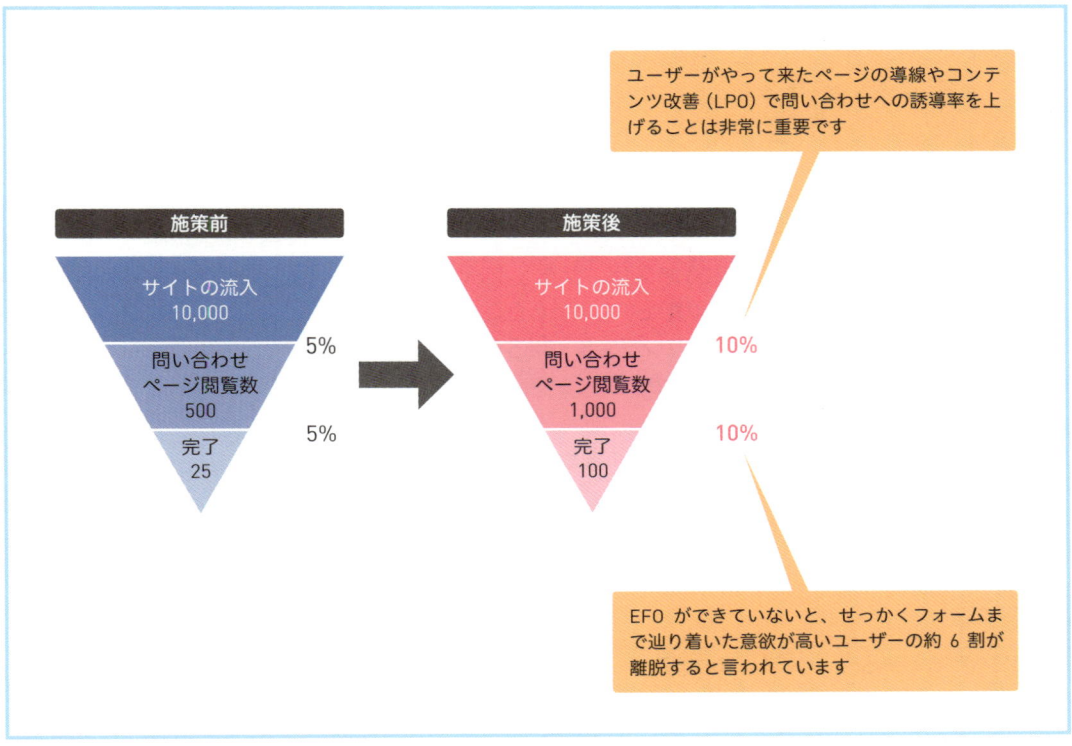

ユーザーがやって来たページの導線やコンテンツ改善（LPO）で問い合わせへの誘導率を上げることは非常に重要です

施策前

サイトの流入
10,000

問い合わせ
ページ閲覧数
500

完了
25

5%

5%

施策後

サイトの流入
10,000

問い合わせ
ページ閲覧数
1,000

完了
100

10%

10%

EFO ができていないと、せっかくフォームまで辿り着いた意欲が高いユーザーの約 6 割が離脱すると言われています

CVを増加させるためには、流入を増やすことだけではなく、"率"の改善が鍵です。

コンテンツマーケティングが注目され続ける理由

　さて、ここまで代表的なWebマーケティング施策のメリット・デメリットを紹介してきました。コンテンツマーケティングと共存するマーケティング施策がとても多かったことからもわかるように、コンテンツはすべての施策の肝となる重要なものだと理解いただけたでしょうか。ただしそれだけではなく、時代的な背景からも、コンテンツマーケティングが注目され続ける理由があります。

■ 広告費用の高騰

　先ほども羅列したように、Webマーケティングにはたくさんの種類が存在しますが、費用をかければすぐに成果が出る広告を安易に選択する企業も増えています。目にする広告の量が増えたことで、ユーザーのネットリテラシーは年々上がってきており、広告に対しての警戒心も強くなっています。また、スマートフォンでは広告のブロック機能も増えてきています。そういった背景

から、CPAが高騰し、従来の広告手法では費用対効果が合わなくなってきているのです。

広告だけに頼りすぎると、競合の新規参入や市場の変化など、広告がうまくいかなくなったタイミングで痛い目を見ることになります。そのため、サイトの自力を高めるコンテンツマーケティングに注目が集まっているのです。

■ 検索エンジンのトレンド変化

検索エンジンができた当初のSEO施策は、ブラックハットSEOと呼ばれ、現在の施策とは大きく異なるものでした。人工的な外部リンクが隆盛を極め、とにかくリンクを多く張ったもの勝ちという時代でしたが、この10年の間で検索エンジンも大きく進化してきました。検索エンジンが外部リンクの取り締まりを強化し、良質なコンテンツをより多く網羅的に掲載するWebサイトを評価するようになったのです。このように検索エンジンのトレンドが変わったことで、多くのWebマーケターは、コンテンツマーケティングに取り組まざるを得なくなり、多くのコンテンツが公開されていきました。

■ SNSやキュレーションメディアの普及

TwitterやFacebook、Instagramなど、日本でも多くのSNSが普及し、ユーザーが自分自身の手でコンテンツを拡散する時代になりました。

また、インターネット上に公開されている情報を特定の切り口で収集し、まとめなおして公開する「キュレーションメディア」もユーザーの生活に溶け込み、欠かせない存在になりました。恋愛やグルメ情報だけを集めたキュレーションメディアなど、知らず知らずのうちに活用している方も多いのではないでしょうか。

このように、良質なコンテンツを作ることにより、より多くの宣伝効果を得られるようになったことも、コンテンツマーケティングが注目される理由のひとつだといえます。

■ ユーザーに見つけてもらうマーケティング手法だから

痩せ型の人にダイエット商品の広告を出し続けても購入してはもらえません。「この広告ウザい」と思われてしまうだけでしょう。しかし、体型が気になり出した人であれば、「商品の詳細を知りたい」と思うかも知れません。しかし、Webの世界の中では、インターネットを利用するその人が、痩せているのか太っているのかを判断する術がありません。過去の商品閲覧履歴などから、興味関心をある程度予測することができても、100%正確な情報ではないのです。

CPA

CPA (Cost Per Action) は、ユーザー1人あたりの獲得単価を表す指標です。例えば、10,000円の広告費をかけて10人のCVを獲得した場合、CPAは1,000円となります。

アルゴリズム

検索エンジンのアルゴリズムとは、検索エンジンにおける検索結果の順位を決定付けるためのプログラムのことです。

しかし、コンテンツマーケティングをうまく活用することができれば、ユーザーの検索行動からアプローチを開始でき、適切な人に必要な情報を届けることが可能です。これだけ多くの広告手法がある中で、コンテンツマーケティングがここまでユーザーの心を惹き付けるのは、企業が伝えたい情報を一方的に発信する従来の広告手法とは異なり、「ユーザーの方から見つけてもらう」マーケティング手法だからです **03** 。

03 従来の広告手法とコンテンツマーケティング

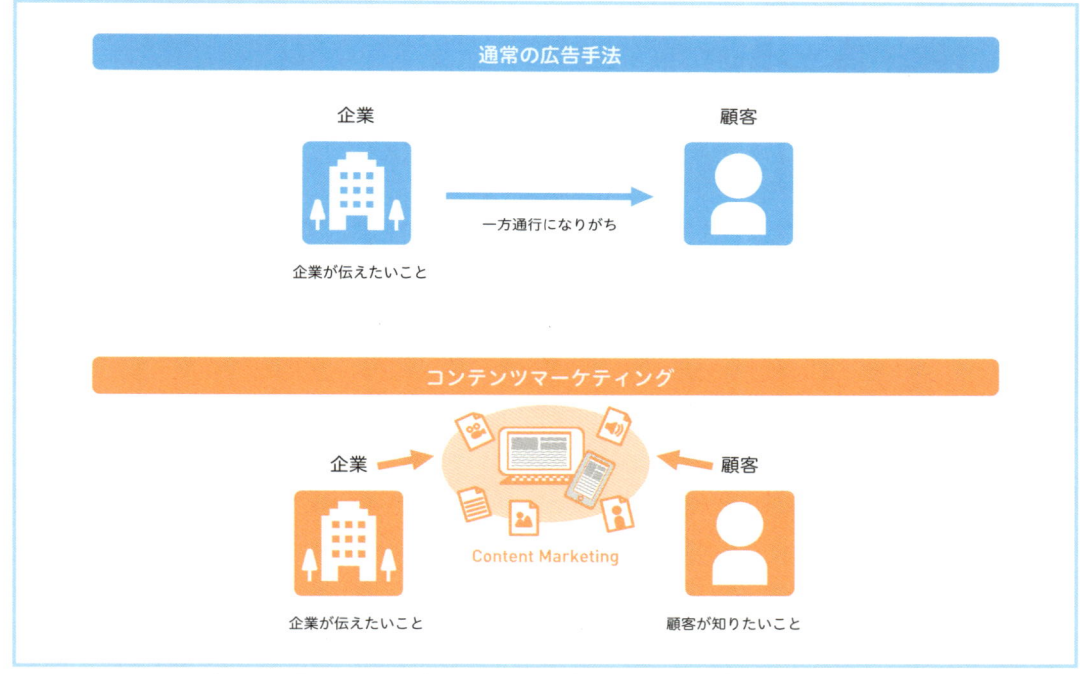

コンテンツマーケティングは、ユーザーのストレスを極力少なくしたアプローチをすることが可能。

section 03 コンテンツマーケティングの メリット・デメリット

コンテンツマーケティングは、成功すれば広告コストが一切かからず、継続してサイトへ集客することができる、素晴らしいマーケティング手法です。しかし、メリットだけではなく、デメリットももちろん存在します。デメリットについてもきちんと熟知した上で取り組みましょう。

コンテンツマーケティングのメリット

まずは、コンテンツマーケティングのメリットから紹介します **01**。

■ 広告費用を抑えられる

リスティング広告であれば、クリックに費用がかかります。インプレッション課金のDSP広告では、広告が表示される毎に費用がかかります。

コンテンツマーケティングでは、コンテンツの制作費用以外の費用がほとんど必要ありません。自社のメディアで公開したコンテンツが自然検索で上位表示されれば、大きな広告効果が見込めますが、もちろん何度ユーザーが訪れても費用は0円です。表示やクリックで費用が発生する広告とは違い、コンテンツは露出しても費用がかからないため、ユーザーに読まれれば読まれるほど、費用対効果が良くなっていくのです。

■ 自社の資産になる

当たり前のことですが、広告は出稿停止すれば、集客が0になります。しかしコンテンツは、一度作ってしまえば、自社の資産となり、半永久的にユーザーへのアプローチをし続けてくれます。広告のように費用をかけている間しか効果が現れないということもないのです。

コンテンツマーケティングでリーチを広げ、リターゲティング広告で刈り取りを行うなど、コンテンツマーケティングと広告をうまく組み合わせることで、さらに大きな成果を出すこともできます。

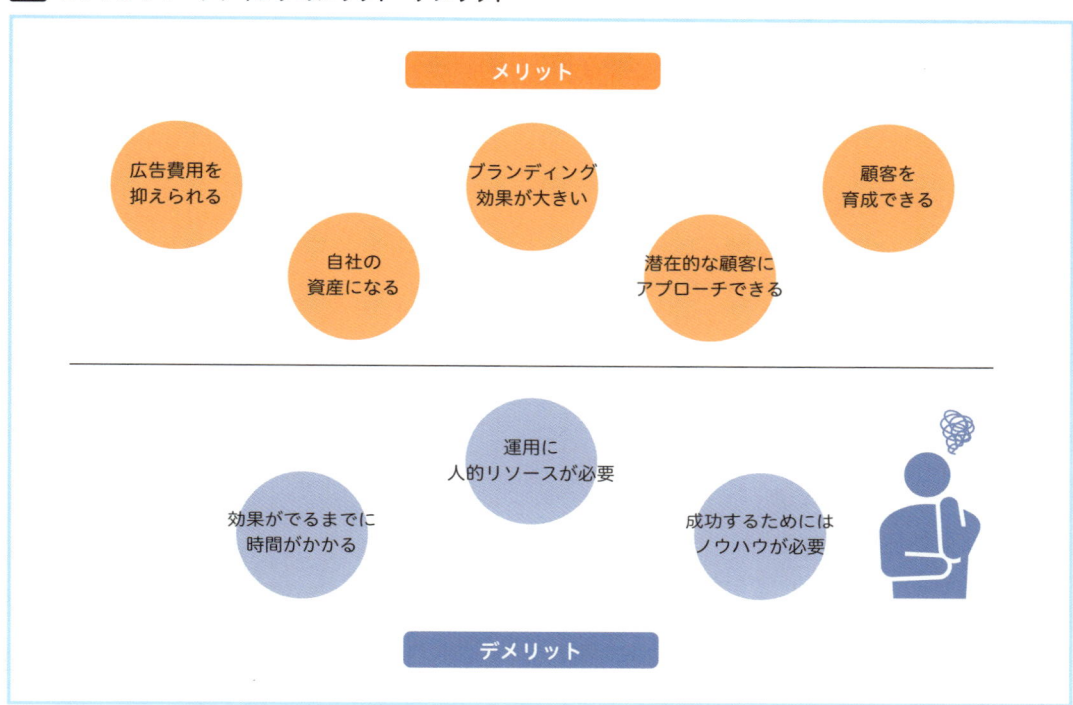

◼ ブランディング効果が大きい

　専門性の高いコンテンツを公開していくことで、読者の安心感を生むことができます。また、自社の考え方やポリシーをきちんと発信していくことで、企業のブランドイメージが確立されていきますので、コンテンツマーケティングには圧倒的なブランディング効果があります。

◼ 潜在的な顧客にアプローチできる

　通常、サービスだけを訴求したサイトであれば、サービス名などの直接的なキーワードでしか集客ができません。しかし、幅広い情報を取り扱うコンテンツを持つことで、すぐにサービスを検討するわけではない潜在的な層に対してもアプローチが可能です。

◼ 顧客を育成できる

　さまざまなロングテールキーワードで幅広く集めてきた潜在層に向けて、メルマガなどを活用し、段階的にコンテンツ配信を行っていくことで、ユーザーの検討度合いを進め、育成していくことが可能です。

コンテンツマーケティングのデメリット

メリットの多いコンテンツマーケティングですが、デメリットも存在します。コンテンツマーケティングのデメリットには次のようなものがあります。

■ 効果が出るまでに時間がかかる

リスティング広告などのWeb広告は、設定をして審査が通った瞬間からすぐにコンテンツがユーザーの目に触れます。しかし、自然検索やSNSでの露出がメイン集客経路であるコンテンツマーケティングは、ユーザーの目に触れるまでに時間がかかります。

また、一定の流入を得るために必要なコンテンツ数は多く、運用が安定軌道に乗るまでは根気が必要です。

■ 運用に人的リソースが必要

コンテンツマーケティングを行うためには、コンテンツ企画・ライティング・リライト・画像の作成・コンテンツ公開後の効果測定や修正など、多くの手間暇がかかります。そのためには、専任担当を置くなど、人的リソースが必要になります。

■ 成功するためにはノウハウが必要

多くの企業がコンテンツマーケティングを実施しています。しかし、すべての企業で満足のいく成果を出せているわけではありません。コンテンツマーケティングを成功させるには、Webサイトの設計からコンテンツ企画、効果測定に至るまで、Webマーケティングのノウハウが必要不可欠です。

デメリットもきちんと理解した上で取り組む

コンテンツマーケティング以外にもさまざまなマーケティング施策は存在します。自社の課題や、達成したい目標に合わせて、最適な施策を選択できるようにしましょう。

デメリットを理解しないままコンテンツマーケティングをスタートしてしまうと、思ったような成果が得られなかった、という結果になってしまうかも知れません。

「翌月から期間限定のキャンペーンを打ち出すので、認知拡大をしたい」というように、急ぎで短期的な集客を行いたい場合、コンテンツマーケティングは不向きです。その場合はリスティング広告やSNS広告など、キャンペーン期間中の広告出稿の方が向いています。コンテンツマーケティングに限らず、さまざまな手法を理解し、最適なものを選択できるといいですね。

コンテンツマーケティングの基礎知識

コンテンツマーケティングを深く理解する

section 04 コンテンツマーケティングの全体像を理解する

コンテンツマーケティングをただの記事更新にせず、"マーケティング施策"として実施するためには、ユーザーの購買プロセスや、それに合わせたコンテンツマーケティングの全体像をきちんと理解しておく必要があります。

ユーザーの購買プロセス

　本書のはじめに、"コンテンツマーケティングとは、読者にとって価値のある情報を提供することによって、見込み顧客とコミュニケーションを取り、購買までつなげるためのマーケティング手法"だと述べました。しかし、実態として多くの企業では、"コンテンツを使って集客をするだけ"という状態になっています。

　集客用のコンテンツ戦略だけにとらわれず、コンテンツマーケティングの全体像を考えるためには、まずユーザーの購買プロセスを知る必要があります。

■ AIDMA・AISAS・AISCEAS

　ユーザーの購買プロセスといえば、AIDMA・AISAS・AISCEASが有名ですね。企業が広告などを活用し、ユーザーの注意を引いて、そこから検討フェーズへと切り替わっていくプロセスです **01**。

■ DECAX

　しかし、近年は新しい購買プロセスも発表されています。それが、DECAXです。AIDMA・AISAS・AISCEASは、ユーザーとの関係がすべて「Attention（注意）」からスタートしています。その点DECAXは、「Discovery（発見）」と、ユーザー自らが発見するところからはじまる購買プロセスです。興味のはじまり方が、従来の購買プロセスとはまったく異なります **02**。

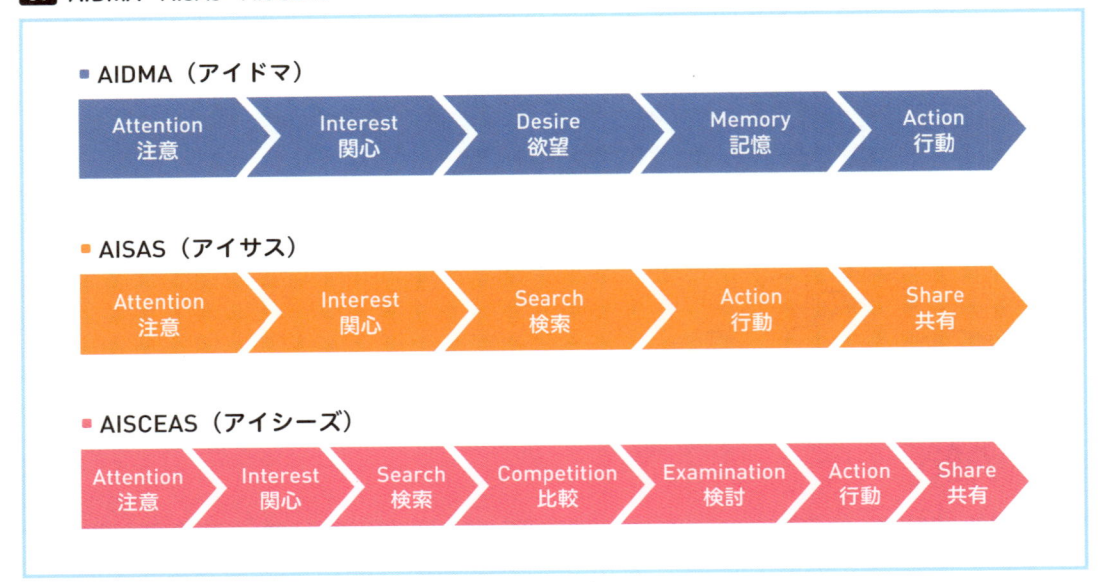

インターネットの登場で、ユーザーの購買プロセスも変化をしていきました。

02 DECAX

従来のAIDMA・AISAS・AISCEASとは大きく異なる購買プロセスです。

☐ DECAXの購買プロセス

　今まで企業は、テレビCMや、インターネット広告など、さまざまな手法を使って、ユーザーに対して自社のサービスをアピールして、購買へとつなげていました。しかし、DECAXの購買プロセスで購入検討をするようになったユーザーは、ユーザーが自ら自発的に行動を行っている中で、企業側との関係構築をして、購買につながっていくのです。

　例えば、家を買いたいと思っている人が、情報収集をします。「住む地域はどうしよう」、「子育てしやすいのはどこかな」、「間取りはどうしたらいいんだろう」、「そもそも一軒家とマンションのメリット・デメリットを知りたいな」。そう思ってWebやSNSで調べているうちに、詳しいWebサイトを見つけて、ブックマークして読んでいきます。場合によっては、SNSをフォローしたり、

メルマガ登録をしたり、無料の相談会に参加したりもするかも知れません。そうして、ユーザー側から、能動的に情報を見つけて、関係構築をして、購買に至ります。

　企業が、従来のプッシュ型の広告手法に頼り切りになっていると、このDECAXの購買モデルにはついていけなくなります。では、DECAXの購買プロセスに沿ったコンテンツマーケティングを行うためにはどういったコンテンツが有効なのかを考えていきましょう。

ペルソナとカスタマージャーニー

　ユーザーの購買プロセスに合わせて、コンテンツ戦略を組み立てるには、「どんなユーザーに」、「どのタイミングで」、「どのようなコンテンツを」提供することが最適なのかを考えていきましょう。

■ ターゲット像＝ペルソナ

　アプローチしたいターゲットユーザーのことを「ペルソナ」と呼びます。まずは「どんなユーザーに」コンテンツを届けるべきなのかを考えましょう。

　女性なのか男性なのか。子どもはいるのか。どんな生活リズムなのか。世帯年収は高い方か。気になっていることは何なのか。ペルソナは、詳細に考えれば考えるほど、コンテンツが刺さりやすくなるため、できる限り詳細に作っていきましょう **03**。

03 ペルソナの例

氏名：佐藤 太郎
年齢：38 歳
性別：男性
学歴：中央大学経営学部
居住：東京都中野区の賃貸マンション
職業：広告代理店の営業課長
世帯年収：800 万円
家族構成：妻、7 歳の息子、3 歳の娘

課長になってから 3 年が経ち、チームの成績もよく、仕事は非常に順調。
2 人の子どもが小さかったため、現在は妻が専業主婦として支えてくれている。
3 歳の娘の保育園が決まったので、もうしばらくすると妻もパートをはじめる予定。
貯金も一定額貯まり、子どもも大きくなってきたので、現在の賃貸マンションから引っ越しを検討している。
育てしやすい地域や、間取り、そもそも一軒家とマンションのメリット・デメリットなどさまざまなことを知りたい。

可能であれば、社内のセールス部門などにヒアリングをして作成してみましょう。

■ カスタマージャーニー

「どんなユーザーに」ができた後は、「どのタイミングで」、「どのようなコンテンツを」を考えていきます。これは、購買プロセスを元に自社に合わせたカスタマージャーニーを作るといいでしょう **04**。

04 カスタマージャーニーの例

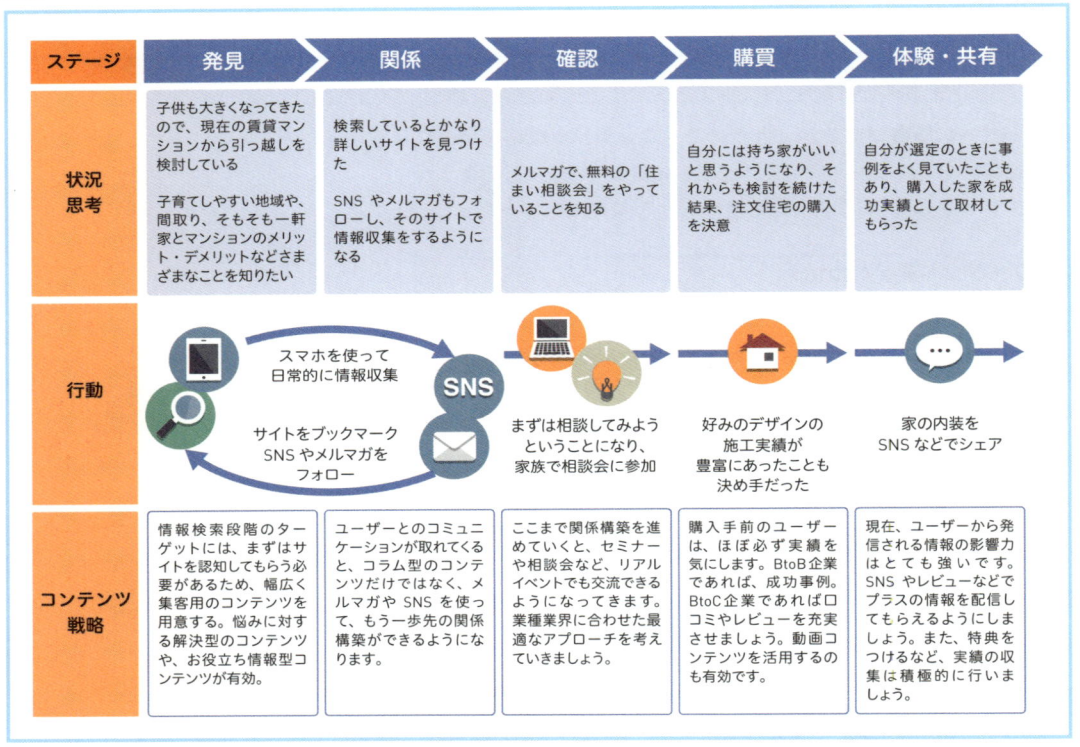

DECAXIに合わせたカスタマージャーニーの例。

コンテンツマーケティングを深く理解する

section
05

コンテンツの種類を知る①
コラム型コンテンツ

「コンテンツ」と一口に言っても、さまざまな種類が存在します。コンテンツマーケティングを成功に導くためには、達成したい目的に合わせて最適なコンテンツを選択することが必要不可欠です。あらゆる手法を知ることで、自社の目的にあった戦略を立てていきましょう。

コンテンツの種類

　インターネット上で展開できるコンテンツには、とても多くの種類が存在します。ここでは、それぞれの特徴について解説していきます **01** 。

01 コンテンツの種類とマトリクス図

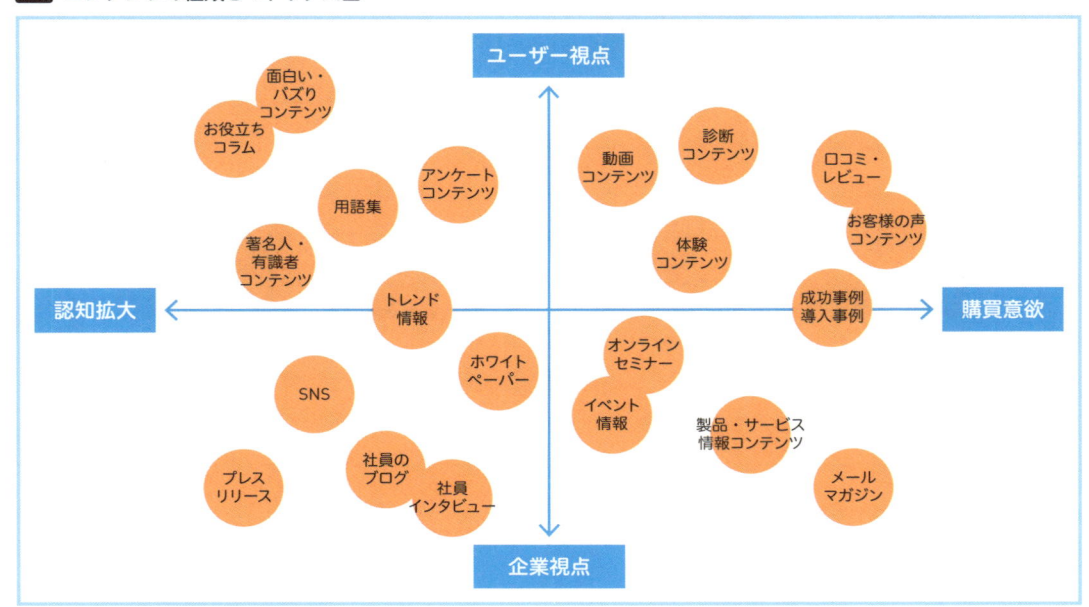

コンテンツを「ユーザー視点」「企業視点」と、「認知拡大」「購買意欲」に沿って分類するとこのようになります。

25

コラム型コンテンツ

　コンテンツマーケティングのイメージが最も強いのは、コラム型コンテンツではないでしょうか。検索でよく出るお役立ちコラムや、SNSで話題になる面白コラムなど、手法はさまざまです。世の中に数多く存在するコラムの中でも、どのような種類があるのかをご紹介いたします。

■ お役立ちコラム

　コラム型の中でも多くの企業が実施している、Webサイト上でお役立ち情報を配信していく手法です。SEO目的で制作されることも多く、ひとつ一つのコンテンツに使用された、複数のキーワードが検索エンジンにインデックスされるため、コンテンツが溜まっていくことによって、多くの流入を獲得することができます。ユーザーの購買プロセスに合わせて内容を企画することで、集客目的だけではなく、うまく商品PRにつなげることもできるため、非常に使い勝手の良い型だといえます **02**。

02 お役立ちコラムの例

■ 面白い・バズりコンテンツ

コラム型コンテンツの中には、SNSでバズることを目的とした、いわゆる“バズりコンテンツ”というものも存在します。Twitterで多くのフォロワーを持ち、大きな影響力を持っている「アルファツイッタラー」と呼ばれるようなライターが、商品PRのためにコンテンツ企画することも多いです。うまくバズることができれば、広告費用をかけずに大勢のユーザーに対して情報拡散をすることが可能です。

■ トレンド情報

お役立ち情報には、大きく分けて2つの種類があります。ひとつは、検索ニーズがいつも一定数ある「基礎的な情報」を取り扱ったコンテンツ。もうひとつは、情報配信されてすぐの間、検索ニーズが非常に高まる「トレンド情報」を扱ったコンテンツ。トレンド情報を扱うためには、情報の鮮度が命ですので、非常に短納期での制作が求められます。

ユーザーが最新情報を入手する経路に認定してブックマークをしてくれるまでになると、より深い信頼度を獲得することが期待できます。

■ 著名人・有識者コンテンツ

サプリメントやダイエット用品などの美容・健康分野や、医療機関などのより正確な情報が求められる分野では、著名人・有識者のコンテンツが非常に重要です。

専門的な分野では、どこの誰が書いたかもわからないようなコラムでは不安ですよね。ユーザーに正しい情報を提供するためには、きちんと著者名を出せるようなライターに依頼するというのも大切です。

“バズりコンテンツ”は、SNSでの瞬間的な露出が目的なことが多いため、通常のコラム型コンテンツに比べ、継続的な流入獲得に少し弱いというデメリットがあります。

最近では、健康アップデートといわれる検索エンジンのアルゴリズムアップデートなども話題になっており、あやふやな状態で執筆したような内容では、かえってサイトの評価を下げてしまうことにつながります。

● 用語集

Web マーケティング業界もそうなのですが、BtoB 企業ではしばしば専門的な用語が飛び交います。ユーザーに正しく意味を理解してもらうため、Web サイト上に用語集コンテンツを展開している企業もあります。用語検索をかけた際にヒットするので、ユーザーにとっては有り難いという反面、用語集は1コンテンツあたりの文字量が少なくなってしまうことも多く、検索エンジンに低品質コンテンツだと判断されてしまう原因になることもあります。

あまりにもスカスカな状態になってしまうようなら、ユーザーにとってもそこまでプラスにならないケースも多いので、公開することをおススメできません。

● アンケートコンテンツ

ネットリサーチなどの調査データを活用したアンケートコンテンツは、データを元にコラムコンテンツを制作することができるので、ユーザーの信頼度が高いというメリットがあります **03**（P.134 でも解説します）。

● 体験コンテンツ

自社の商品やサービスをスタッフが実際に使ってみたり、レビューするような体験コンテンツは、コラム形式のコンテンツの中でも、購買意欲を高める手段として非常に有効です。集客用のコンテンツから誘導することで見込み客の育成の一助となりますので、積極的に作成していきましょう。

● 社員のブログ

BtoB・BtoC を問わず多くのサイトで見かける社員ブログですが、結論から申し上げると、「やり方が下手なブログコンテンツは何のプラスにもならない」ことが多いです。というのも、ブログタイトルや内容が、検索ニーズを無視したようなものだと、そもそも自然検索からブログに辿り着くことはほぼありません。かといって、企業のサイトを回遊していて、社員のブログまで遷移して閲覧するユーザーもごくわずかです。社員が商品のレビューを行っていたり、トレンド情報を発信しているなど、うまいやり方をしない限りは、労力に見合う成果が得られにくいでしょう。

コラムコンテンツの案出しは多くの方が悩むポイントだと思いますので、アンケートを取ることでネタが増えるというところも嬉しいポイントです。

● 社員インタビュー

　社員インタビューは、社員ブログと同じように社員に協力してもらう必要のあるコンテンツですが、こちらは採用サイトで非常に力を発揮するコンテンツです。実際に働く社員の言葉を掲載することで、働くイメージを感覚的に知ることができます。また、社長の想いを掲載することで、ブランディングにもつながるため、使い方によってはCVに寄与するキラーコンテンツに仕上げることも可能です **04** 。

03 アンケートコンテンツの例

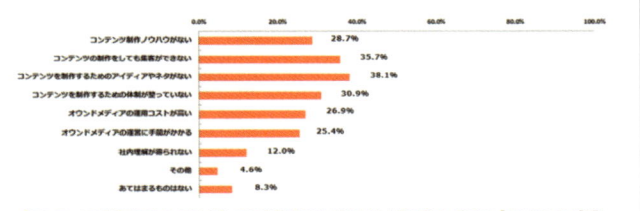

「コンテンツを制作するためのアイディアやネタがない」が38.1%と最も多く、次いで「コンテンツの制作をしても集客ができない」が35.7%という結果になりました。「コンテンツ制作ノウハウがない」も28.7%あることから、ノウハウ不足により集客ができていない企業が多いと考えられます。

他にも、運用費や成果についてなど、気になるトピックスも多数掲載しています。

04 社員インタビューの例

section 06 コンテンツの種類を知る②
コラム型以外のコンテンツ

さて、前セクションではコラム型のコンテンツについてご紹介しましたが、「コンテンツ」の中にはコラム型ではないものも存在します。多くの選択肢を持っておくことで、戦略の幅が大きく広がりますので、コラム型以外のコンテンツについても目を向けてみましょう。

コラム型以外のコンテンツ

　P.25の「コンテンツの種類とマトリクス図」にもありましたが、「コンテンツ」の中には、動画やホワイトペーパー、メルマガなども含まれます。「今までコラムコンテンツしかやったことがない」という方は、ぜひこちらも参考にしてみてください。

■ イベント情報

　展示会への出展、セミナー登壇情報など、イベント情報の配信コンテンツも重要です。BtoB企業では、セミナーからの受注が高いという話もよく聞きますので、オンラインコンテンツではありませんが、イベント企画も行うと、マーケティングの効果を最大化することができます。

■ オンラインセミナー

　イベントとも重複しますが、最近ではオンラインセミナーのニーズが高まっています。どこでも閲覧することができるオンラインセミナーなどのオンライン学習コンテンツは、遠方のユーザーにも接触ができる良いコンテンツです **01** 。

■ 成功事例・導入事例

　購買意欲を高めるためのコンテンツの中でも、成功事例・導入事例コンテンツは非常に重要です。BtoB企業では、CVに至る多くのユーザーが事前に事例コンテンツを閲覧しているとも言われています。Webサイト制作事業や、オフィス移転事業など、実績の写真を掲載できる形態の事業の場合は、ビジュアルでアピールできる強みがあります。

01　オンラインセミナーの例

■ クチコミ・レビュー

　BtoB企業にとっての成功事例と同じように、BtoC企業にとってはクチコミやレビューが、購買意欲を高めるために重要なコンテンツとなっています。クチコミを集めるために特別な割引や、クーポン配布をしている企業も多くあります **02** 。

Voice お客様の声

▶ ログインしてカスタマーレビューを書く

驚き!!口内炎に最適!!!
⭐⭐⭐⭐⭐
慢性的に口内炎が出来て困っていました。(月に3個程度)
ビタミン剤や塗り薬等も何種類も試したのですが、治っては出来ての繰り返しでした。
マヌカハニーが口内炎の予防と治療に効くと聞いたので試しに購入しました。
まだ使用して短いですが、通常2週間程度で治る口内炎が、1週間たたないうちに完治しました。
今の所2個目は出来ていないので、予防効果も期待できると思います。
次回購入時はUMFの高いものを購入しようと思います。

連絡がこまめに来ます
⭐⭐⭐⭐⭐
注文の受付確認のメール返信、発送の連絡など、キチンと対応されていて、安心して注文できます。

またお世話になります
⭐⭐⭐⭐⭐
入金確認、発送の連絡など全てが迅速かつ丁寧でした。梱包も丁寧でした。またお世話になります。

■ **お客様の声コンテンツ**

　成功事例コンテンツの一部であるお客様の声コンテンツ。インタビュー形式の場合は、見込み客に対する安心感の訴求にもなります。インタビューコンテンツは手間や工数も多いですが、その分得られる効果も大きいので、ぜひトライしてみてください。

■ **プレスリリース**

　株主に向けた決算報告や、新商品の告知など、さまざまな情報をユーザー向けに届けるプレスリリースですが、企業側が伝えたいことを一方的に伝えてしまっているだけのケースが非常に多いです。企業が伝えたいことを率直に伝えられるという点では良いですが、企業の情報発信がプレスリリースだけにならないようにしましょう。

■ 動画コンテンツ

名前の通り、動画を使用したコンテンツです。スマートフォンが普及してから、動画コンテンツが非常に広まりましたが、BtoB・BtoCともに70%以上もの企業が動画コンテンツを活用しているとも言われています。Webサイトに掲載したり、広告に掲載したり、メルマガに埋め込んだり、展示会などのイベントで流したり、活用の幅もどんどん広がっています。

■ 診断コンテンツ

類所商品が複数あるECサイトや、契約プランがいくつかあるBtoBサイトでよく見かけるのが、診断型のコンテンツです。診断コンテンツは、ツールを導入しなくても実現できるので、うまく活用していきましょう **03** 。

Webサイト上では、実店舗のような接客ができないということが従来の課題でしたが、最近では、Web接客ツールの普及もあり、Web上での接客がある程度のところまで実現できるようになりました。

03 診断コンテンツの例

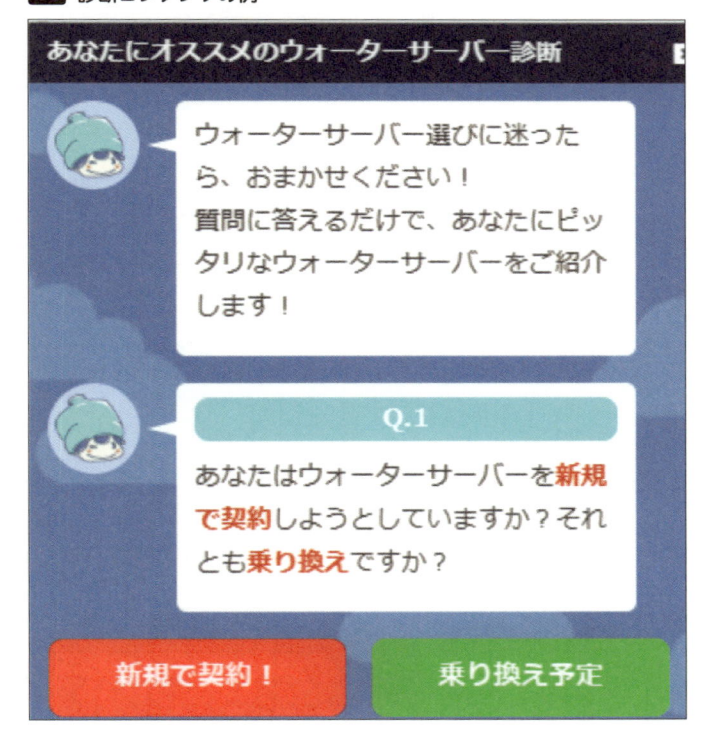

■ 製品・サービス情報コンテンツ

コーポレートサイトやECサイトでは、当たり前のように作成しているコンテンツだと思います。気をつけていきたいポイントは、"独自の情報を掲載できているのか"という視点です。物件情報の検索サイトや、求人サイトなどに多く見られるのが、他社と掲載情報がほぼ同じ、というサイトです。検索エンジンは、独自性のあるコンテンツを高く評価しますし、同じような情報であれば、大手のサイトにはまず勝てません。物件情報であれば、スタッフが見てきた感想であったり、求人サイトであれば、独自の社員インタビューを掲載したり、ありがちな"要素の訴求"だけにならないように気をつけましょう。

■ SNS

SNSで配信している内容も、れっきとしたコンテンツです。運用担当者や、SNSの運用で得たい目的を明確にして、定期的に情報配信していくようにしましょう。

また、多くのSNSでは長文のテキストが配信できないこともありますので、「続きはWebで」とサイトへ誘導してしまうのもひとつの手です。

■ ホワイトペーパー

Webサイト上にある無料e-bookやカタログ、サービス資料などのことをホワイトペーパーと呼びます。ホワイトペーパーは、ダウンロードするために、個人情報を入力するフォームを作っておくことで、Webサイトに訪れている匿名顧客の実名化が可能です。

オウンドメディアなど、情報提供がメインのメディアの場合、明確なニーズを持った見込み客ではなく、潜在的なニーズをもった潜在層が多いため、早期に実名化できるのは大きなメリットです。

■ メールマガジン

メールマガジンは、BtoB・BtoC企業どちらでも多く活用されているコンテンツのひとつです。問い合わせやホワイトペーパーの申し込みをもらった顧客リストに対して配信を行うため、メール配信ソフトの使用代金だけなど、比較的低コストで行うことができるマーケティング施策です。ホワイトペーパーのダウンロードユーザーに対してステップメールを行い、ナーチャリングを行っていくなど、活用の方法はさまざまです。

ステップメール

ステップメールとは、特定のタイミングになったユーザーに準備していたメールを自動で配信する仕組みのことです。例えば、ホワイトペーパーをダウンロードした翌日に「ホワイトペーパーはご覧になりましたか？」と送り、そのメールを開封した翌日に「ホワイトペーパーに関連する事例もお送りします」という内容のメールを配信するなど、さまざまな活用方法があります。

ナーチャリングとは、顧客を育てていくという考え方や、見込度の薄い顧客に対して、メルマガ配信や、特定のWebコンテンツを読ませるなどして、見込度を上げていく施策のことを指します。

section 07 コンテンツの配信手段

ここまでの解説で、目的に合わせた最適なコンテンツは何なのか、少しずつ見えてきましたね。では、コンテンツの配信手段にはどのようなものがあるのでしょうか。「コンテンツを作ったはいいものの、誰にも見られない…」そんな事態に陥らないよう、コンテンツの配信手段についてもきちんと理解しておきましょう。

オウンドメディアやブログを運営する

　コンテンツマーケティングの配信手法で一番スタンダードなのは、オウンドメディアやブログを運営することで、自然検索からの流入を得ることです。コラム型のコンテンツは、そのひとつ一つが初回接触のランディングページとして機能するため、集客を意識したキーワード設計でコンテンツを作っていけば、それだけで流入獲得ができるはずです。

■ オウンドメディアにするべき？ ディレクトリ展開にすべき？

　コラムコンテンツを配信する際、大きくふたつのパターンがあります。ひとつは、コーポレートサイトやサービスサイトなど、既存のサイトとは別のドメインでコラム用のサイトを立ち上げる、「オウンドメディア」パターン。もうひとつは、コーポレートコーポレートサイトやサービスサイトなど、既存のサイトのドメイン内で展開する「ディレクトリ展開」パターンです。どちらの運営形態でもメリット・デメリットがあります。自社の戦略に合わせて最適な運用形態を選択しましょう。

□ 「オウンドメディア」パターン

　オウンドメディアという言葉の意味は非常に広義ですが、一般的には、ユーザーにとって有益な情報の配信を目的としたサイトのことを指すことが多いです。コラムだけを集めたひとつの独立サイトで、既存で運営しているコーポレートやサービスサイトが

あったとしても、別ドメインとして作ります。

　新規立ち上げになる場合が多く、<u>一定の流入を獲得できるようになるまで育てていく必要があるものの、運営が軌道に乗れば、ユーザーが定期的に閲覧しに訪れる、優秀な広告塔の役割を果た</u>します。メリットは自由度の高さ。デメリットは立ち上げの時間や工数といったところでしょうか **01**。

01 オウンドメディアの例

https://dm-watch.jp/

コーポレートサイトの場合、制約が多く自由に更新できないことが多々あります。しかし、オウンドメディアとして独立させることで、マーケティング担当が気軽に更新できるメディアにすることが可能です。そのため、広報やマーケティング担当の方がオウンドメディアパターンを好む傾向にあります。

□ 「ディレクトリ展開」パターン

　先程のオウンドメディアパターンとは真逆に、コーポレートサイトやサービスサイト、EC サイトなどのドメイン内で、ディレクトリを分けてコラムを展開していくパターンです。ドメインとしては、「https://example.jp/column/」という形が多いです。

　既存のサイトにディレクトリを追加して更新していく形式のため、立ち上げの難易度は下がります。また、ボリュームの少ないメディアを複数持つよりも、ひとつの大きなメディアを持った方がSEOにおいて有利ということもあり、新規立ち上げのオウンドメディアに比べると、成長速度は少しだけ早くなります。

　ただし、既存のサイトの構造やSEOに課題がある場合、コンテンツの集客効果が活かしきれず、もったいない状態になることもあります。CMSを入れずに展開したり、情報に制約があったりと、更新性や自由度に難ありなケースも多々見かけます。

　メリットは初動の早さ。デメリットは、<u>良くも悪くも既存サイトの影響を受けやすいことです</u> **02**。

CMS

CMS は、Content Management System の略で、その名の通り簡単にコンテンツ更新ができるシステムのことです。通常、Webサイトを更新するためには、HTMLなどのコードについて習得する必要がありますが、CMSを導入すれば、知識があまりなくても、ブログ感覚で簡単にコンテンツ更新ができるようになります。

02 ディレクトリ展開の例

https://beeme.jp/

他媒体への寄稿

　他媒体への寄稿も、コンテンツを活用した認知拡大施策として非常に有効です。例えば、東京産業新聞社が運営している「連載.jp」**03** は、ユーザーの寄稿をメインとした媒体で、審査を通過すれば誰でも寄稿をすることができます。このサイトに限らず、寄稿を掲載してくれる媒体はいくつかありますので、自社のテーマに合った場所を探してみるといいでしょう。

03 他媒体への寄稿の例

https://rensai.jp/

広告による周知

　自然検索で集客する方法だけではなく、広告も併用することで、集客の効果を高めることができます。広告にもたくさんの種類がありますが、コンテンツとの相性が特に良いのはFacebook広告です **04**。コラムコンテンツの紹介をしたり、ホワイトペーパーのダウンロードを誘導したりすることができます。

● 記事型広告（ネイティブアド）

　寄稿と広告の中間のような存在が、記事型広告（ネイティブアド）です **05**。Yahoo!ニュースや、グノシーのコラムの間などに「PR」として出ている記事を見たことはないでしょうか。コラム型のコンテンツを取り扱う媒体によく出ている、広告用の記事が「記事型広告」です。

　通常の広告のように、商品やサービスの宣伝LPを見せるのではなく、あくまで"コラム"として見せることが特徴で、広告色が薄いことから抵抗感なく、ユーザーに宣伝ができるメリットをもっています。

04 コラムやホワイトペーパーを活用したFacebook広告の例

05 記事型広告の例

コンテンツマーケティングで得られる効果を知る

section 08 コンテンツマーケティングの効果

メリット・デメリットのところでも少し触れましたが、コンテンツマーケティングで得られる効果にはさまざまなものがあります。企業によって求める成果もいろいろですし、業種や商材・展開する媒体にも大きく左右されます。まずは、コンテンツマーケティングでどのような効果が見込めるのかを知りましょう。

コンテンツマーケティングの効果についてのアンケート

リサーチ会社を利用して、約900名のメディア運営担当者にアンケートを取りました。その結果から、実際のコンテンツマーケティングの効果について見ていきましょう。

■ コンテンツマーケティングに期待している効果

コンテンツマーケティングに期待している効果として、「Webサイトの流入増加」が51.4%と最も多く、次いで「問い合わせや売り上げの増加」が48.7%、「ブランディング」、「顧客とのコミュニケーション」が続く結果になりました **01**。やはり、認知拡大の手段として期待している人が多いようですね。

01 コンテンツマーケティングに期待している効果についてのアンケート結果

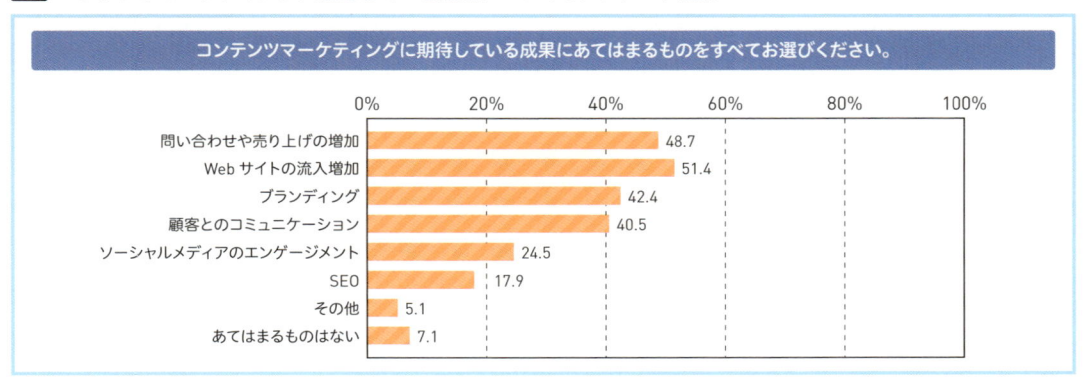

コンテンツマーケティングに期待している成果にあてはまるものをすべてお選びください。

- 問い合わせや売り上げの増加 48.7
- Webサイトの流入増加 51.4
- ブランディング 42.4
- 顧客とのコミュニケーション 40.5
- ソーシャルメディアのエンゲージメント 24.5
- SEO 17.9
- その他 5.1
- あてはまるものはない 7.1

■ **コンテンツマーケティングの成果を感じるまでにかかった期間**

コンテンツマーケティングの成果を感じるまでにかかった期間は、3ヶ月未満が25.1％と最も多く、次いで6ヶ月が21.9％、1年未満が13.7％となりました **02**。1ヶ月未満や2ヶ月未満も含めると、半数以上が半年程度で成果を実感しているようです。

オウンドメディアは成果が出るまでに時間がかかると言われていますが、成果が出る目安は約半年と考えればいいでしょう。

■ **コンテンツマーケティングを実施した効果**

コンテンツマーケティング経由での問い合わせや売り上げが増えた企業が37.5％と最も多く、次いでSEO効果を感じている企業が36.1％、Webサイトへの流入が増えたが35.8％となりました **03**。コンテンツがSEO効果を発揮し、サイトへの流入が増加したことで、問い合わせや売り上げが増加した企業が多いようですね。また、元々期待していた効果との乖離も少ないようです。

02 コンテンツマーケティングの成果を感じるまでにかかった期間についてのアンケート結果

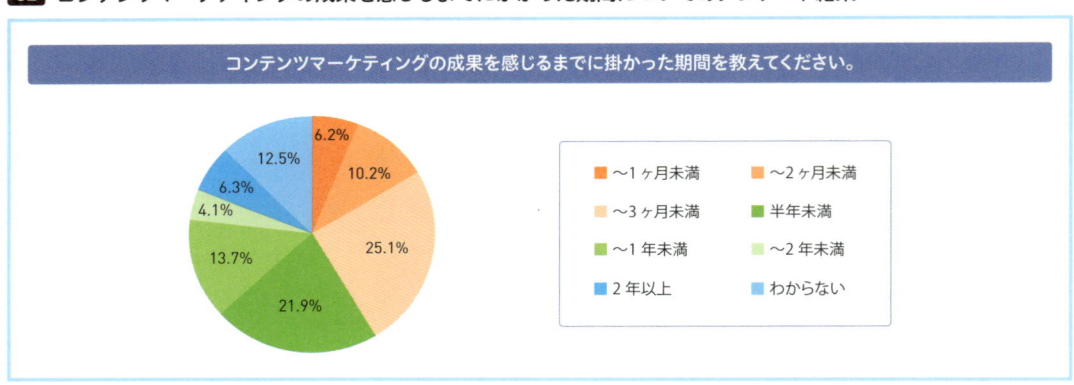

03 コンテンツマーケティングを実施した効果についてのアンケート

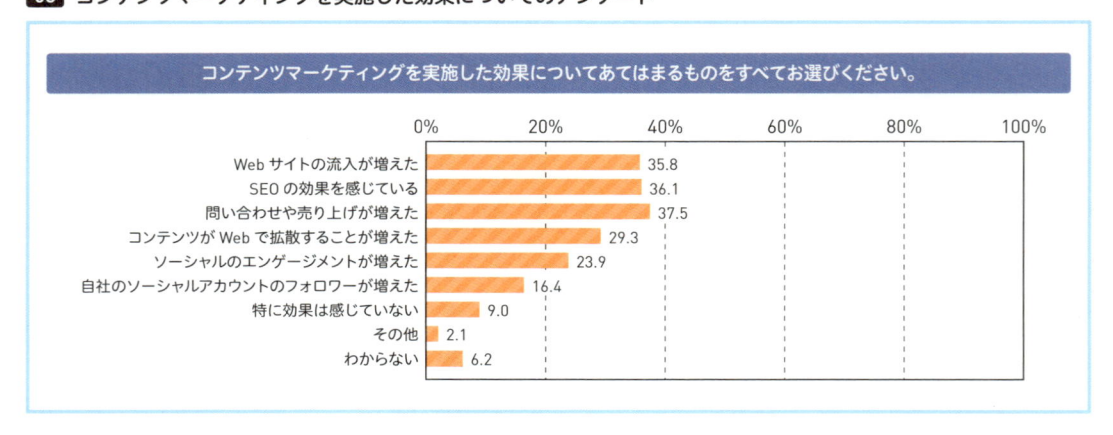

コンテンツマーケティングの効果の種類

　さて、アンケートにもあったコンテンツマーケティングの効果について、さらに詳細に話していきます。

■ 認知拡大

　コンテンツマーケティングに期待している効果として最も挙がったのは、この認知拡大です。コンテンツマーケティングは、ひとつ一つがユーザーを集めてきてくれる優秀な広告になります。特に、検索ニーズを考慮したSEO用のコンテンツは、サイト全体のポテンシャルの底上げにもあるため、非常に重要です。

- ■ サイトの流入を増やしたい
- ■ ひとりでも多くの人にサイトを知ってもらいたい
- ■ 商品をすぐ購入するわけではない潜在的な層にアプローチしたい

　そんな方は、まず認知拡大のためのコンテンツ施策を考えましょう。

■ ブランディング

　コンテンツマーケティングはブランディング効果も抜群です。特に、オウンドメディアとして、コーポレートサイトやサービスサイトとは独立した形で運営する場合、ユーザーは親しみやすさを覚え、情報の信頼度が増すとも言われています。大手企業でも、ブランディングに重点を置いてコンテンツ施策をはじめるケースをよく見かけます。

- ■ 製品に対する想いを伝えたい
- ■ 社風を知って欲しい
- ■ 独自の考え方を啓蒙したい

　"共感"などの感情を与えるには、コンテンツマーケティングが一番です。

■ ユーザーの育成

　コンテンツマーケティングを行う上で、最も難しく、大切なのが、ユーザーの育成の部分です。ユーザーとのコミュニケーションを取り、元々潜在的なニーズしか持っていなかったユーザーに気付きを与え、購買意欲を育てていくというものです。コラム型のコンテンツだけではなく、メルマガやSNSもうまく活用していくことが成功のポイントです。

■ユーザーとコミュニケーションを取りたい
■ソーシャルメディアのエンゲージメントを獲得したい
■製品を好きになって欲しい
■課題解決ができる製品があることを認知させたい

　ユーザーと定期的に接触していくことで、購買意欲を育てていけるようなコンテンツ設計をしていきましょう。

■ CV・売上の増加

　コンテンツマーケティングに期待する効果として最も選ばれていたのが、CV・売上の増加です。コンテンツマーケティングに取り組む企業でよく耳にするのが「流入は増えたけど、CVがなかなか増えない」という悩みです。課題解決型のオウンドメディアなど、情報提供が主な役割となっているサイトでは、コミュニケーション設計が弱い場合に多々起こる問題です。

　お問い合わせよりハードルの低い資料請求を用意する、価格の低いお試し商品も用意しておくなど、中間CVを用意できるといいでしょう。

■サイトの問い合わせや資料請求を増やしたい
■無料のセミナーや相談会に来て欲しい
■ECサイトの売上を増加させたい

コンテンツマーケティングの
はじめ方

Let's start!

まずは準備をはじめよう

section 01 最初に確認しておきたい、いちばん大切なこと

コンテンツマーケティングをはじめるにあたって最初に確認するべきこと。それは自身にとって、コンテンツマーケティングで為すべきことは何か？　つまり、「目的は何か？」ということです。最初に目的を明確にしておくことは、この後の施策に大きな影響を与える、極めて重要なポイントとなりますので、しっかりと考えておきたいものです。

「とりあえずやってみる（やってみた）」では、失敗しやすい

CHAPTER 1では、コンテンツマーケティングに期待される効果や手法についてなどを紹介しました。

これを読んで「早速、コンテンツマーケティングに取り組もう！」と、やる気になるのはとても良いことなのですが、その前にひとつだけ質問させてください。それは、「あなた（あなたの会社）にとって、コンテンツマーケティングで為すべきことは何か？」、つまり、「目的は何か？」ということです。

この質問にすぐに答えられたでしょうか？　もし答えられない、そもそも目的すら決めていないというのであれば、コンテンツマーケティングに取り組む前に、「目的を決める」ところからはじめましょう。

■ 「目的」の重要性

そうしなければ、「ゴール（目的）を決めずに長距離を走る」ようなことになってしまうからです。途中で迷走してしまうのはもちろん、走り続ける体力すらも無くなってしまいます。

また、既にコンテンツマーケティングをはじめているあなた（あなたの会社）も、この機会に今一度目的を確認してください。

「とりあえずやってみる（やってみた）」では、特にコンテンツマーケティングにおいては失敗しやすく、もっと言えば（コンテンツマーケティングに限らず）「手段を目的にするのは失敗する」結末を迎えてしまいます。

コンテンツマーケティングの目的を決める

では、肝心の「コンテンツマーケティングの目的」はどうやって決めればよいのでしょうか？

「これだとハッキリしたものがない」、「自身では想像すらつかない」のであれば、CHAPTER 1で述べている"コンテンツマーケティングに期待される効果"の中から選んで決めてみましょう。

コンテンツマーケティングには、大きく分けると **01** のような目的があります。

もちろんこれ以外の目的もあれば、ここに挙げたすべてを目的としたい、ということもあるでしょうし、さらに言えば目的は同じでもBtoBやBtoCなど、受け手であるお客さんによっても変わってきます。

ただし、最初は重要な目的ひとつだけに絞ってください。最初から複数の目的を持たせ過ぎると、あれもこれもと方向性が統一されないコンテンツを生み出してしまい、混乱を招くだけですよ。

> コンテンツマーケティングの各目的については、section 04で説明します。

01 コンテンツマーケティングの目的

1 知名度の向上（ブランディング）

2 売り上げや業績の向上

3 顧客獲得（新規顧客への宣伝、既存顧客との更なる関係構築）、お問い合せや相談

目的が決まれば、メディアも決まってくる

目的が決まれば、テーマはもちろん、メディアのカタチも自ずと決まってきます。オウンドメディアとしてWebサイトを開設するのか、アプリを作ってユーザーに配布するのか、それともあえて自身でサイトは作らずにSNSや他のメディア上だけで情報を公開するのか **02**。

この本を手にしている方は、ご自身でコントロール可能なオウンドメディアの開設を選び、運営したいと考えている方が多いと思います。この後からは、オウンドメディアの開設、運営を例にして解説していきます。

02 どのメディアを選ぶ？

オウンドメディア（Webサイト）

SNS

アプリ

他のメディア

section
02 事前に必要なもの

ここからは、オウンドメディアのケースを例に解説していきます。まずは、オウンドメディアを開設するにあたって、準備の段階で必要なもの、その結論を導き出す考え方について見ていきます。前セクションに引き続き、ここで確認することも、この後の展開を左右する重要なことばかりです。常に「目的」を念頭に置きつつ、準備を進めていきましょう。

オウンドメディアを開設する──どんなスタイルにする？

　コンテンツマーケティングの目的を決めたことで、それを具現化するべく「メディアを立ち上げる」=「オウンドメディアの開設」をいよいよ行います。

　オウンドメディアとひとことで言っても、そのカタチは多種多様です。最近のオウンドメディアは、一般的なWebサイト風よりもブログ風メディアが多い傾向にあります。その理由としては、

- オウンドメディア運営は常に情報を発信することも重要であるため、時系列で情報を整理しやすい。
- SNSで話題になる（バズる）には、ページ単体で内容が完結するものが好まれる。

などがあり、それゆえにブログ風メディアが選ばれやすいのです。

独自ドメインを使う？

　そんなオウンドメディアを開設するにあたり、まず決めるべきことは「独自ドメインを使う or 使わない」かです。

　独自ドメイン（または既に取得しているドメインのサブドメイン）を使えば、自身の商材やサービス、メインのWebサイト（会社ならコーポレートサイトなど）との統一性が図りやすく、何よりもユニーク（唯一の名前）なものであるため、ブランディングにも寄与し、SEOの観点からもドメインの評価も積み重ねやすいと

言えます（詳しくはCHAPTER 3で解説します）。

　もちろん独自ドメインを使わずに、既にある他のメディアにてオウンドメディアをはじめることもひとつの方法です。

■ 既存メディアを使う

　利用できる既存メディアはさまざまあります。**01** ／ **02** はその一部の例です。

　既存のメディアを利用すれば、独自ドメイン（または既に取得しているドメインのサブドメイン）を使って一からWebサイト（ブログ）を構築する、という時間も手間も省けます（独自ドメインはそういった手間がかかるため、なかなか開設に踏み切れないという問題も少なからずあります）。

□ どちらにするか、メリットとデメリット

　ただし、手軽にはじめることができるというメリットが、逆にデメリットにもなり得るのです。

　既存メディアは、あくまでも誰かから用意された場所を間借りしているようなものです。そのため、デザインの部分でカスタマイズが不可能な部分が多く、その他にもいろいろな制限が存在します。既存メディアによっては、「ドメインを移管できない」、「商用利用は不可」などの制限があるものも存在します。さらには、突然のサービス終了によって使えなくなる、ということも起こり得ます。

　もし、少しでも金銭的な余裕がある（会社で稟議が下りる）のであれば、独自ドメインを取得して、または既に取得しているドメインのサブドメインの使用許可を取って、オウンドメディアをはじめることをおススメします。

独自ドメインを使わなくても…

既存メディアのサービスの中には、独自ドメインに移管することが可能なサービスもあります。独自ドメインを使わないのは手軽にはじめることができるというメリットがありますが、それを後で変更することができるというわけです。

---

01 はてなブログ

https://hatenablog.com/

02 note

https://note.mu/

サーバーを準備する

　次に準備するものはサーバーです。自身で（自社で）Webサーバーを管理、運営していることは稀でしょうから、ドメイン取得と一緒にレンタルサーバーのサービスを使用することを前提として、話を進めます。

　前述のように既存メディアのサービスを使うのならば、レンタルサーバーについては考える必要はありませんが、やはりここにもメリット、デメリットが存在します。

　基本的には既存メディアのサービスは無料、もしくは有料でもかなり安価であるというメリットがありますが、電子メールの送受信サービスは無く、また、PHPなどのプログラミングを利用した動的なWebページの出力が行えないというデメリットもあります。

　レンタルサーバーの場合は、独自ドメインとひもづけることで、独自ドメインのメールアドレスを取得しての電子メールの送受信が可能となります。PHPがインストールされているサーバーであれば、もちろんPHPを利用したサイト制作が行えます（他にも、SQL文で制御できるデータベース設計など）。

　また、インターネットに接続できる環境にあればどこからでもアクセスできるため、Webサーバーだけでなく外部のストレージとしても利用が可能です。

□ レンタルサーバーのメリット

- 独自ドメインの電子メールが使える
- PHPを利用したサイト制作が可能な場合がある
- 外部ストレージとしても使用できる

03 WordPress

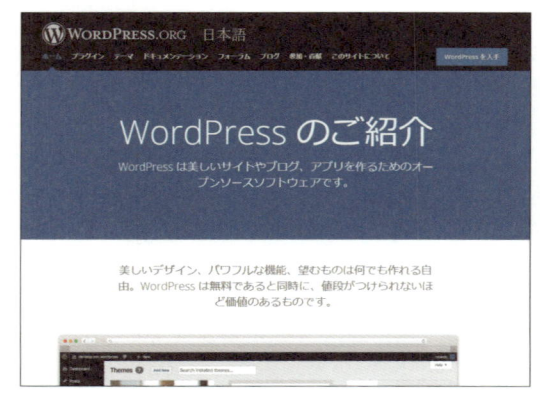

https://ja.wordpress.org/

04 Movable Type

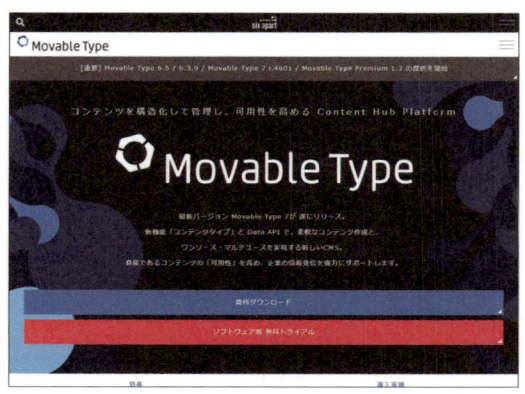

https://www.sixapart.jp/movabletype/

さらにはWebサイトの構築ができない、HTMLやCSSに疎いという方でも、今ではWordPress やMovable Type **04** などのCMSをインストールして使えば、比較的簡単にWebサイト（ブログ）を構築できるようになっています。

□ CMSの注意点

ただしCMSをレンタルサーバー上で使うとは言えど、Webサイトの構築環境に気を遣い続ける必要があります。CMSにはバージョンがありますが、そのバージョンのアップデートによって、それまで使用していたプラグインやテンプレートが動かなくなる、という不具合が生じることがあります。不正アクセスなどのハッキング攻撃への対処も怠ってはいけません。

また、電子メールの容量や、大量のアクセスに耐えうるサーバーへの負荷なども考慮してサイト運営を行っていく必要があります。

レンタルサーバーのサービスには、自動バックアップの取得や、サーバーへの負荷についてのアドバイスをもらえるものもあります。合わせて検討してみましょう。

その他に用意するもの

独自ドメインを取得し、レンタルサーバーも決めて、CMSをインストールすれば、いよいよオウンドメディアを立ち上げる準備が整いました。

ここではその他に用意しておくとよいものを紹介します。

① アクセス解析ツール（CHAPTER 3 section 03で詳しく解説します）

GoogleアナリティクスとGoogle Search Console。この2つは、無料でアカウントを取得することができ、使用料もかかりません（Googleアナリティクスは処理するデータ量に一定の制限があり、それを超えると有料となります）。

② SNSアカウント（CHAPTER 3 section 07で詳しく解説します）

SNSは今のメディア運営に欠かせないものとなっています。SNSの種類によって特徴も違ってくるので、どのSNSを使用するか（Twitter、Facebook、Instagram、LINE…など）をあらかじめ決めておくと、日々のアカウント運営もスムーズに進めることができるでしょう。

上記は必須ではありませんが、上手く利用することであなたのオウンドメディアの運営の大きな助けとなります。どちらもアカウントの取得まではぜひとも行っておきましょう。

CMSとは

Content Management System（コンテンツ管理システム）の略で、HTMLやCSSに詳しくなくても、Webサイトの制作・運用ができるシステムです。テキストや画像などの情報を入力するだけで自動的に構築・更新ができます。

プラグインとは

アプリケーションの機能を拡張するソフトウェアのことで、「アドイン」とも呼ばれることもあります。CMSにおけるプラグインも同様で、数多くの種類が存在します。使用用途に合ったプラグインを導入することで、CMSの元々の機能にさらなる機能の追加が可能となります。ただし、CMS自体のバージョンアップにより、それまで導入していたプラグインが使えなくなってしまうことがあるので、常に注視しておく必要があります。

section 03 自社（自身）のビジネスモデルを再確認する

コンテンツマーケティングの目的が決まり、そして制作・運営開始の準備も整いました。でもまだ、いきなりコンテンツの制作に入らないでください。ここで改めて、自社（自身）のビジネスモデルを再度確認しましょう。そうすることで、これから良質なコンテンツを多く生み出し、そして自社（自身）のマーケティングに大いに活用することができます。

ビジネスモデルを再確認する意味

　CHAPTER 1で、各業種・商材によって適しているコンテンツマーケティングの手法を紹介しましたが、それらのいずれが合うのかを見極めるために、自社（自身）のビジネスモデルはどれに当てはまるのかも確認しておきます。

　この確認作業を怠ったままコンテンツマーケティングをはじめてしまうと、見当違いのコンテンツを生み出してしまう可能性が発生するだけでなく、自社（自身）が訴求したいユーザー（読者）がオウンドメディアに集まらない、といったことにもなりかねません。

　主なビジネスモデルを目的別に大きく分けると、**01**のような区分になります。

　あなたのビジネスモデルに近い、目的が似通っているものはどれでしょうか？

　ひとつずつ説明していきます。

1 情報周知や拡散（情報メディアなど）

2 商品販売による「モノ」の売り上げ向上（ECサイトなど）

3 サービスへの申し込みやお問い合せ、相談など「コト」の提供（専門学校（教育）のサイトなど）

1 情報周知や拡散（情報メディアなど）

　情報通知や拡散を目的としたビジネスモデルです。ブランディングも目的となります。オウンドメディアなら、例えば情報メディアが適していると言えます。

　多くのオウンドメディアがこのカタチに該当し、ブログ風メディアもこれに属します。

　後述する「モノ」や「コト」が目的となるサイトと違い、情報周知や拡散が主目的になるので、「最終的にお問い合せフォームのページに誘導しなければならない」という必要もなくなり、コンテンツ制作だけに労力を絞ることもできます。

　最近ならばコンテンツページにSNSのシェアボタンを設置することで、「他の人にも教えたい」と考えるユーザー、興味、関心を持ったユーザーがコンテンツをシェアしてくれて、さらに多くの人に知ってもらうきっかけも生み出すことにつながります。

2 商品販売による「モノ」の売り上げ向上（ECサイトなど）

　商品販売を目的としたビジネスモデルです。オウンドメディアなら、例えばECサイトなどが適していると言えます。

　最終目的はユーザーに商品を買ってもらうこと、すなわち、それによる売り上げの向上であるため、ユーザーが安心、納得する情報を提示することが不可欠となります。

　例えば価格はもちろん、商品のスペックの提示や機能によって実現できることの説明など、ユーザーが実際に商品を手に取って確かめることができないからこそ正確に情報を伝える工夫が必要となります。

　コンテンツはテキスト（文字）ばかりにこだわらず、写真や図、動画や音声で伝えるのも工夫のひとつです。

3 サービスへの申し込みやお問い合せ、相談など「コト」の提供（専門学校（教育）のサイトなど）

　サービスへの申し込みやお問合せ、相談を目的としたビジネスモデルです。オウンドメディアなら、例えば専門学校（教育）のサイトなどが適していると言えます。

　「ユーザーからの成約が目的である」という点では、前述の「商品の販売」とも目的はほぼ一緒ではありますが、提供するものが「モノ」か「コト」で違うため、サイトはもちろんコンテンツのカタチも変わってきます。

　サービスについての詳しい説明は商品の販売と一緒で必要なことですが、サービスは「体験を提供する」ものでもあるため、商品の販売以上にユーザーに安心して納得していただくことが求められるからです。

　商品の販売同様に、コンテンツはテキスト（文字）ばかりにこだわらず、写真や図、動画や音声で伝えるのも工夫のひとつです。例えば、さらに詳しい資料のダウンロードサービス、送付のサービスや、よくある質問（Q&A）**02** を掲載することもよいでしょう。

02 Q&Aの例

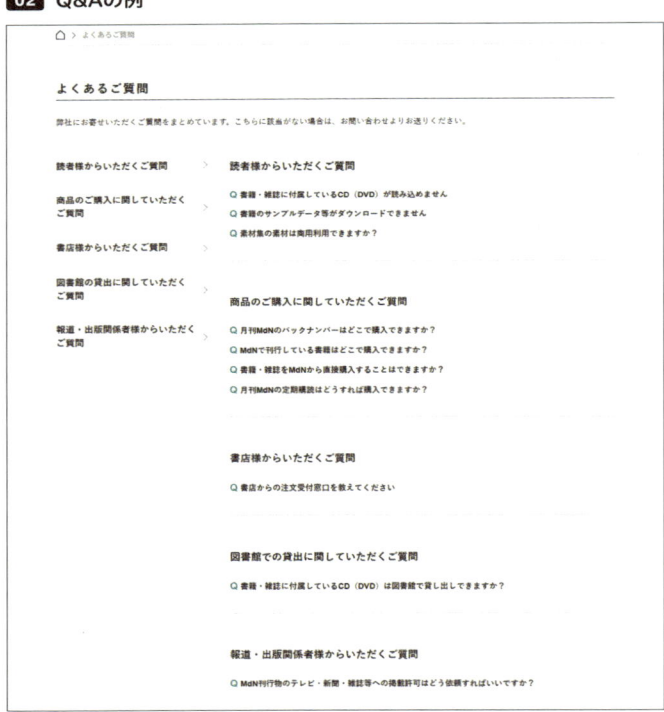

コンテンツマーケティングに
向いていないビジネスモデルは？

CHAPTER 1でコンテンツマーケティングに向いている商材について説明しましたが、残念ながらコンテンツマーケティングに向かない、コンテンツマーケティングでは目的を達成し辛いものもあります。

■ 向いていないものとは？

それは、「限られた人だけに情報を共有したいモノ、コト」の場合です。

例えば書籍や映画などは、書籍を購入した人、映画館に来場した人だけに内容（情報）を知る権利を渡しているビジネスモデルであるため、すべての内容をパブリックな空間（誰もが閲覧できるWebサイト）に書いてしまうと、いわゆる「ネタバレ」になってしまいます。もちろんこれは、権利を渡していない人にも内容を知らせてしまうことで大幅な機会損失を生み出してしまうことに繋がります。

クローズドなコミュニティ（最近ではサロンという呼び方もされています）も、メンバーだけに内容を伝える権利を渡しているビジネスモデルです。よってパブリックな空間にサロンで起こったことをすべて書いてしまうと、権利を渡していない人にも内容を知らせてしまうことで大幅な機会損失を生み出してしまいます。

それどころか、お金を出して内容を伝える権利を得た人（メンバー）にとっては不公平感が募るため、メンバーが離脱してしまう悪いきっかけにもなってしまいます。

■ でも視点を変えればうまくいくことも

しかしながら、「コンテンツマーケティングに向いていないビジネスモデルだから何もできない」というわけでもありません。

例に挙げた書籍であれば、その書籍を読むことでどのような知識を得ることができるかや、触り程度の情報公開であればすべて読みたいという意欲を掻き立てることに繋がることもあります。

映画であれば、映画の内容について公開するのではなく、映画館で鑑賞することのメリットや来場者だけに特典を与えるなど、別のベネフィットについて伝えることもよいでしょう。

このようにストレートに目的に向かう施策ばかりでなく、視点を変えてみることで「ストレートではないけれど目的に近づく方法」を適えることも可能なのが、コンテンツマーケティングなのです。

section 04 目標となるものをハッキリさせる

ここまで読み進めた方は、コンテンツマーケティングの目的が決まり、自社（自身）のビジネスモデルの再確認ができているでしょう。しかしながら、コンテンツマーケティングはコンテンツを作成し、公開するだけでは「まだまだ終わらない」のです。

ここでは、目的を達成するために設定するべきもの、チェックして然るべきものについて解説します。

目的に合わせた目標を設定する

コンテンツマーケティングの目的が決まったら、具体的な目標も設定しましょう。ここで言う具体的な目標とは、最終的に達成したい目標の指標のことです。この指標のことをKGI（Key Goal Indicator）、重要目標達成指標と呼びます。

次に、その目標を達成するための要素であり、また、達成度を測るための要素でもある、定量的に評価できる効果指標についても設定しましょう。この効果指標のことをKPI（Key Performance Indicator）、重要業績評価指標と呼びます **01**。

この2つの目標（指標）を正しく設定することができれば、コンテンツマーケティングの目的達成に近づいたといっても過言ではなく、それだけ重要な指標でもあるのです。

01

KGI Key Goal Indicator［重要目標達成指標］
最終的に達成したい目標

KPI Key Performance Indicator［重要業績評価指標］
KGIを達成するための定量的な指標

KGIとKPI

次の表 **02** は、コンテンツマーケティングにおける目的別に設定され得るKGI、KPIの一例です。

一概に決めることができないものや、多義に渡るものは大きく括るよりは段階的に設定するよう工夫するのもよいでしょう（KGI、KPIを次の目的とすることで、さらに詳細で具体的なKGI、KPIを決めることができるのです）。

この表を参考にして、あなたのコンテンツマーケティングにおけるKGI、KPIを設定しましょう。

02 KGIとKPIの例

目的	KGI	KPI
情報周知・拡散	WebサイトのPV数、SNSのインプレッション数	Webサイトのセッション数、ユーザー数、SNSのフォロワー数
見込み顧客の獲得	SNSアカウントのフォロワー数、会員登録数、資料請求数、お問い合わせ数、メルマガ登録数	SNSのエンゲージメント数、会員登録、資料請求ページのPV数、セッション数、ユーザー数
会員登録、資料請求の増加	会員登録、資料請求ページのPV数、セッション数、ユーザー数	会員登録、資料請求の完了数、申し込み完了率
売り上げの増加	購入数	会員登録、資料請求を行ったユーザーの購入数

情報周知・拡散が目的の場合

コンテンツマーケティングにて情報周知・拡散が目的の場合、まずはユーザーに知ってもらうことが目標となります。そのため、自社（自身）のオウンドメディアであるWebサイトの閲覧（WebサイトのPV数）や、同じく情報を発信しているSNSの閲覧（インプレッション数）を増やすことをKGIに設定します。

そして、そのKGIの要素となるPVやインプレッションを切り分けると、実際に閲覧したのべ人数であるユーザー数や、今後もSNSから情報を受け取るのべ人数のフォロワーが一つの要素となり得るので、KPIとして設定できます。

見込み顧客の獲得

　オウンドメディアを閲覧した、もしくはSNSをフォローした
ユーザーの中から次のアクションに移ると見込めるユーザー（見
込み顧客）の獲得が目的の場合、実際のアクションがKGIとして
設定されます。

　そして、そのKGIの要素となるアクションを切り分けると、会
員登録や資料請求 **03** の申し込みページに進んだユーザー数や、
SNSでエンゲージした数（いいね！やシェア、コメントなど）が1
つの要素となり得るので、KPIとして設定できます。

03 資料請求の例

コンテンツマーケティングのはじめ方

会員登録、資料請求の増加

　上記の見込み顧客がアクションを起こした、会員登録や資料請求の申し込みページに進んで実際に申し込み完了した数が目的の場合、上記でKPIとして設定した会員登録や資料請求の申し込みページに進んだ数がKGIとして設定されます（SNSから会員登録や資料請求の申し込みページに流入した数も一緒にKGIと設定するのもよいでしょう）。

　そして、そのKGIの要素を切り分けると、会員登録や資料請求ページ数そのものがKPIとして設定できるのはもちろん、確度を上げるためという考え方から申し込み完了率もKPIとして設定するのも1つの方法です（数を増やすには、「分母を増やす」か、「確率を上げる」かの2つの考え方があります）。

　オウンドメディアでの申し込み完了率は、「会員登録や資料請求の申し込み数」÷「会員登録や資料請求の申し込みページのユーザー数」で算出できます。

売り上げの増加

　売り上げの増加が目的の場合、購入数がKGIとして設定されます。

　そのまま購入数もKPIになり得るのですが、コンテンツマーケティングにおけるKPIとした場合は、会員登録や資料請求を行ったユーザーの購入数や購入率をKPIに設定するとよいでしょう。

　なぜならば会員登録も増え、購入数も増えていれば新規ユーザーが増えていることが分かります。会員登録は増えていないが購入数が増えていれば、リピーターとなっているユーザーが多いことが分かります。

　また、会員登録が増えているのに購入数が減っていれば（購入率も減るので）、ユーザーに正しく訴求できていない（決定打となる情報が足りない）という問題点も分かります。

　このように、KGI、KPIという目標をハッキリさせることができれば、コンテンツマーケティングにおける目的を達成することが可能となりますので、是非とも要素に切り分けて目標を設定しましょう。

section 05 自社（自身）で作成する

「コンテンツを作成する」と決めても、実際に自社（自身）で作るとなると時間も労力もかかります。自社で作るだけの時間と労力はもちろん、ノウハウもあればよいのですが、そうではない場合は実現が難しいという場合もあります。

ここでは自社で作成するときに気をつけるポイント、意識しておくことについて解説します。

どんな表現方法を使うのか、組み合わせるのか

コンテンツを作成するに当たって最初に考えるポイントは、「どんな表現方法を使う（組み合わせる）のか」です。

コンテンツと聞くと多くの方がテキスト（文章）を思い浮かべるのではないでしょうか。実際にWebコンテンツはテキストで作られたものが多数を占めていますが、同時にテキストのみで作られたコンテンツもほとんどありません。その多くがテキストと写真、図や動画、音声などと組み合わせることで1つのコンテンツとして形作られています。

今は「コンテンツを形作る表現方法はテキストに限られたものではない」と言えます。
その理由は昔と比べて通信速度、容量が大幅に改善されたことや、タブレットやスマートフォンなど閲覧するデバイスが多種多様になったことも少なからず起因しています。

01 コンテンツの表現方法

📄 テキスト	写真、図解グラフ
🎥 動画	🔊 音声
	⋮

コンテンツの表現方法を知り、自社のコンテンツには何が適しているかを考えると、具体的なカタチが見えてくる。

商品の見た目の説明に関しては、テキストによる文字表現よりも写真の方が分かりやすく、さらに商品の使い方となればテキストで説明するよりも実際に使っている動画を撮影して公開するほうが圧倒的に分かりやすいものです（百聞は一見に如かず）。

しかしながら音声や動画、写真はそれを再生、表現するデバイスにも依存するため、必ずしも最良の方法とも限りませんし、さらには後述するSEOにおいても、未だ写真や動画は検索エンジンに正確に判断、評価されにくいというデメリットもあります。

コンテンツを作成するに当たって、まずは自社（自身）のコンテンツは「どんな表現方法を使う（組み合わせる）のか」を知り、指針を決めておくとコンテンツ作成がスムーズになります **01**。

文字で伝える際は、テキストをユーザー自身に読んでもらうだけでなく、音声で伝えるというのもひとつの表現方法です。

実現できるかを考えれば具体的なカタチとなる

「どんな表現方法を使う（組み合わせる）のか」を決めたら、次はその表現方法が「自社でできることなのか」もしっかり把握しておきましょう。例えば「テキストだけでなく、動画も組み合わせて使う」と決めた場合、テキストを自社で考えて作り出すことはできても動画はどうすればよいのか分からない、どういう機材を使って録画して、どのソフトを使って編集して、そしてWeb上にどうやってアップロードするのか…など、知らないことが多すぎて迷ってしまうでしょう。

さらに、動画の作成方法は理解できても、「コンテンツとして価値のあるものに仕上げることができるか」は別問題でもあります。むしろ表現方法にこだわりすぎてユーザーが満足できるコンテンツを生み出せないのは本末転倒です。「自社は何が実現できるのかを把握する」ことで、コンテンツが具体的なカタチとなっていきます。

自社でコンテンツ作成を行うのならば、最初からいろいろと欲張らずにできることからはじめてコンテンツを作成しましょう。

最近はスマートフォンで録画、編集し、Youtubeにアップロードするまでは比較的簡単になりましたが、それでも動画を一から作り出すのは時間も労力も予想以上にかかります。

どうしてもという場合は外部委託する

P.51でも「テキスト（文字）ばかりにこだわらず、写真や図、動画や音声で伝えるのも工夫のひとつ」と説明したように、自社でコンテンツを作る場合は方法にこだわりすぎない、実現できることをベースにすることが肝要です。

しかし、それを承知の上でも「動画を使いたい」、いや「テキストもライティング技術のある人に書いてもらいたい」、「コンテンツを量産したい」というのであれば、（お金はかかりますが）外部委託をすることも検討しましょう（次のセクションを参照）。

実際に作ってみよう

section 06 外部委託する

コンテンツの作成をすべて自社（自身）で作ることができればよいのですが、自社ではいろいろと限界があるでしょう。その場合は外部委託を検討します。外部委託はコンテンツの質の向上はもちろん、制作できる量も増えるというメリットがあります。

ここではコンテンツ制作を外部委託すること、そして納品時に検収するポイントについても解説します。

制作会社に依頼する

コンテンツの制作を外部委託する場合、あらかじめ依頼内容を明確にしておかなければなりません。しかしながらコンテンツ制作の外部委託の経験や実績が無ければ、依頼内容があいまいになってしまうことはよくあります。制作側に必要な情報を渡せずに肝心のコンテンツも良くないものができ上がってしまうことにもなりかねません。よって、最初はコンテンツの制作実績のある（こちらの意図をしっかりと汲み取ってくれる）会社、法人に依頼するとよいでしょう。

こちらから渡すべき情報のヒアリングや、一番重要な目的をかなえるためのコンテンツの企画から参画してもらうことで、質の高いコンテンツが作成される可能性が高まることがメリットです。デメリットとしては、金額もそれなりに必要になることです。

クラウドソーシングで探す

クラウドソーシングでコンテンツ制作ができる個人を探すことも外部委託する方法のひとつです。

クラウドソーシングの登録者は個人で請け負っていることも多く、会社、法人と違って安価である傾向が強いので、金銭面でのコストを抑えられるというメリットがあります。

デメリットは、クラウドソーシングへの登録者は経験も実績も乏しい人が多いため、成果物であるコンテンツの質を測りかねる

ことです。また、会社や法人と違って受け身がちであり、依頼する側が要件定義をしっかりしない限りはコンテンツの質も伴わないのが実情です。

そこで、まずはトライアルとして1つだけコンテンツ作成を依頼するとよいでしょう。実際に納品されたコンテンツを見て実力を確かめ、問題がなければ継続して依頼しましょう。

コンテンツ制作の依頼時に伝えるポイント

コンテンツ制作を依頼する際に伝える情報に齟齬が無いようにスムーズに行うには、事前に構成案を共有し、さらに参考となる資料（書籍やWebページなど）を渡しておくなどするとよいでしょう。

実際にコンテンツを作成するライター、クリエイターはそれを元にして制作を行うので、発注側が事前にイメージしていたものと乖離したコンテンツを作ってしまうリスクも少なくなり、初稿の後に行う修正も比較的容易なものとなります。また、自社で作成したライティングマニュアル（ルール）などもあればベターです。

フィードバックは具体的に

経験も実績も豊富なライター、クリエイターであっても初稿から完璧な出来のコンテンツが納品されることは稀です。制作されたコンテンツを修正してもらう場合は、具体的な修正内容とコンテンツの意図をフィードバックしましょう。

曖昧なフィードバックではライターやクリエイターもどう修正すればよいのか分からず、以後も同じような修正が繰り返し発生してしまい、依頼を断られることもあるでしょう。

発注側も制作側も、お互いを「仕事のパートナーである」という意識を強く持ってコンテンツ制作を行いましょう **01**。

これは筆者の経験則ではありますが、良いライター、クリエイターは自分からコンテンツについての質問を投げかけてきます。「このコンテンツは何が目的か」、「想定ユーザーはどういう人か」など、自分が作るコンテンツについてしっかり把握しておきたいと考え行動する人は、質の良いコンテンツを作り出す傾向が強いことがほとんどです。これは会社、法人にも見られる傾向です。

01 お互いをパートナーという意識で

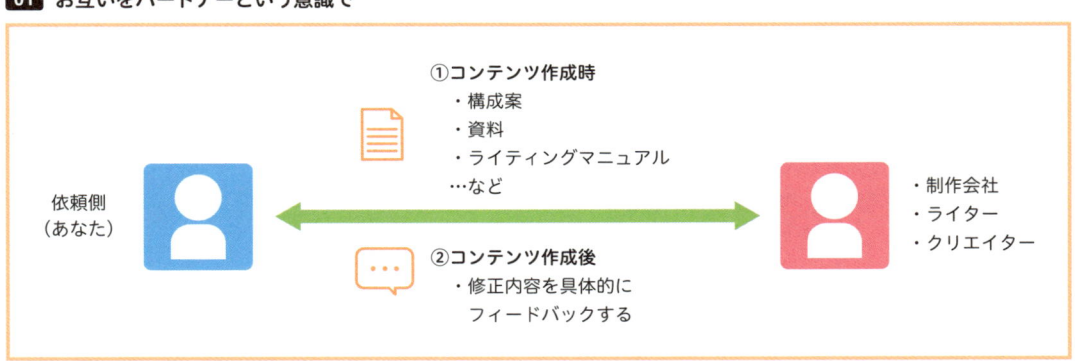

section 07 基本的なライティング

コンテンツマーケティングにおけるWebコンテンツはテキストが多数を占めているように、コンテンツを自社（自身）で作る場合にライティング能力、すなわち文章力は必要不可欠となるスキルです。

テキストコンテンツは読者（ユーザー）に内容を理解、納得してもらうのはもちろん、読者の求めている情報を伝えることを意識して作成することが肝要です。

目的、目標を確認する

ライティングをはじめる前に、今一度、目的と目標を確認しましょう。

本書ではここまでに、コンテンツマーケティングの目的はもちろん、自社のビジネスモデルや、それに伴う目標設定について解説していますので、「何をコンテンツに書けばよいか分からない」ということはないでしょう。

目的、目標を決めずに、「とりあえずコンテンツを作ろう」と見切り発車ではじめたときに特に問題が発生します。もし、あなたが現時点で「何について書けばよいか分からない」のならば、前のページに戻って目的、目標を決めてください。

また、ある程度コンテンツの作成を経験すると"作業をこなす"という心持ちになり、手段を目的にしてしまうことで本来の目的、目標から逸れたコンテンツを作成してしまうことも起こります。

もちろんすべてのコンテンツを同じ目的、目標にするのではなく、コンテンツごとに目的、目標を変えてもよいのですが、どちらにしても事前に目的、目標を決めずにコンテンツを作ることはやめましょう。たとえそれで目的を果たした（結果が出た）としても、それはただの偶然で、再現性が低いコンテンツと言わざるを得ないからです。

よって、コンテンツを作成するときには必ず目的、目標を確認することを徹底しましょう。

読者（ペルソナ）を想定する

　目的、目標を確認したら、いよいよコンテンツの作成、ライティングの開始…と、行きたいところですが、もうひとつ想定しておくべきことがあります。

　それはターゲットとなる読者を想定することです。

　想定読者は「ペルソナ」とも呼ばれます（CHAPTER 1 section 04を再確認）。テーマから外れていないコンテンツを完成させても、このペルソナを想定しないままにライティングを行うと、読者に興味すら持たれずに読まれることもありません。その結果、目的に達することができない恐れがあります。

　そうならないためにも、ペルソナが読みたいコンテンツはどういうものか（読者のニーズは何か）を考えるのはもちろん、どういった人物が自社のコンテンツを読みに来るか（読みたいと思うのか）具体的な人物像にまで落とし込んで設定しておくとよいでしょう **01** 。

　例えば、この本は、「会社でホームページを管理、運営し、マーケティングも兼ねている人」、「ホームページへのアクセス数の向上や売り上げが求められている人」、「個人でWebサイトやブログを管理、運営し、アフィリエイトサービスを利用して収入を得たい人」を主な想定読者として執筆しています。

　このように想定読者を設定することで、情報の取捨選択や伝えるべきポイントを絞ることにも繋がるので、ライティングに良い効果をもたらしてくれます。

　また、この考え方はライティングにおいて重要なことはもちろ

01 ペルソナシートの例

名前：間明田　太郎	好きな有名人：深田明日子
年齢：35歳	触れる媒体：YouTube
性別：男	好きな TV 番組：スポーツ中継
職業：会社員（Web 企画部）	趣味：　サッカー観戦　　麻雀　　　　…etc
住所：東京都墨田区	プライベートの過ごし方：　　妻との旅行　　読書
学歴：大卒	人間関係：　　友人は比較的多い　　上司と衝突することがある
家族構成：妻	悩み：　転職を考えている　　お小遣いが少ない
月のお小遣い：5万円	

ん、SEO においても重要な考え方です。

　検索エンジンを使って情報を探しているユーザーが求めているものは何か？（検索ユーザーの意図は何か？）を考えるうえで、検索ユーザー像（ペルソナ）を想定することで検索クエリも導き出せるからです（SEO についてはCHAPTER 3 で詳しく解説します）。

構成と文章の組み立て

　文章を書き慣れていないうちは、ライティングの途中で手が止まってしまうこともあるでしょう。

　何を書けばよいか途中でわからなくなったり、どういう風に表現すればよいか（文章に起こせばよいのか）混乱してしまい、コンテンツの完成に至らないことも往々にして起こります。

■ 構成を先に決める

　構成とはコンテンツの設計図であり大まかな完成形でもあります。文章に限らず、何かを作りはじめるときに設計図も完成形のイメージもないままに作りはじめても、なかなか完成に至らないことは想像に難くありません。

　こうならないためにも、構成を決めてから文章を組み立てることをおススメします。

　先に部品、要素となる文章やキーワードをあらかた書きだして、そこから文章を組み立てながら並行して構成を考えるという技もありますが、これは「構成（設計図）を考えることができない（わからない）からライティングがはかどらない場合」にやってみるとよいでしょう（ただし、先に構成が決まっている方が圧倒的に完成するスピードは速くなります）。

■ 結論を先に書く

　文章構成の基本的なカタチは「起承転結」だと言われますが、特にWeb コンテンツにおけるライティングでは起承転結は適しません。ビジネス文章のように「結論」を先に求められます。

　特に検索から流入したユーザーは「知りたいことありき」で検索しているため、起承転結で順序立てて事細かく書かれた文章を読むのは敬遠するからです。

　Webコンテンツにおけるライティングでは「先に結論を書く（読者が知りたいことから書く）」ことを意識して構成を決めてください。

ネタを盛り込んでライティングする

　構成が決まればライティングをはじめることができますが、せっかくコンテンツを制作するのですから、多くの読者に読んでもらいたいのはもちろん、読者に読んでもらわない限りは読者の行動にも結びつかないため、あなたのコンテンツマーケティングの目的も達成することはありません。

　読者に読んでもらえるように読者が欲しがっている情報や、知ることで得をする情報、いわゆるネタを盛り込んだコンテンツを作成することがコンテンツマーケティングには求められます。

　例えば、金銭や時間を節約できるような情報を含めたコンテンツは読者にとってお得であり、有益なコンテンツだと言えます。分からないこと、複雑なことをやさしく丁寧に解説したコンテンツや、読むだけで面白い、感動するようなコンテンツもネタを盛り込んだコンテンツだと言えるでしょう。

　コンテンツのカタチには大きく分けて2つのカタチがあります。1つは「問題解決型」。もう1つは「共感型」です。

☐ 問題解決型

　前述の金銭や時間を節約できるような情報や手続き、手順の理解を促進する情報が盛り込まれたカタチです。

☐ 共感型

　その名の通り読者に共感を与える、前述の読むだけで面白い、感動するようなカタチです。

　特に問題解決型は読者のニーズ（意図）を掴みやすいカタチでもあるので、コンテンツマーケティングにおけるライティングに適しています。もしあなたが問題解決型のライティングを行うのであれば、Q&Aサイト（Yahoo!知恵袋など）**02** を参考にするとよいでしょう。

　Q&Aサイトはネタの宝庫です。単純にネタ探しの場所として利用するだけでなく、いろいろな立場、環境のユーザーの悩みが書かれており、多くの回答者がいろいろな観点から答えを書いているので、ユーザーの意図や自分にはない観点を知ることができます。さらにQ&Aサイトを見て、模範解答よりも正確で詳細な回答ができると感じたなら、ぜひ、あなたのライティングにも生かしましょう。

　どこにも書かれていないオリジナルな情報はSEOでも評価されやすく、あなたのコンテンツの強みにもなると共に、ネタを盛り込んだコンテンツを作成することを実現することになりますよ。

Yahoo!知恵袋　https://chiebukuro.yahoo.co.jp/

読者が読みたくなる文章を書くには

　ライティングの基本で最も大切なのは「文章の内容を読者にしっかり伝える」ことですが、どれほど価値のあることが書かれたコンテンツであっても、読者が読まなければ意味がありません。いくら価値があるコンテンツであっても読者が読みたくなるかどうかは別の問題でもあるのです。

■ 見出しや節を利用する

　例えば、学術論文は価値があるコンテンツであっても、内容が難解かつ専門用語も多く使われ、淡々と文字が綴られていてメリハリもないので、一般の人は読みにくく、読み続けることが苦痛になるのです。

これを解消するために、「見出し」や「節」を利用する方法があります。多くの分量となるコンテンツも、文節の区切りの意味も含めて見出しを適度につけることで読みやすいコンテンツになります。

それは読者にとってはもちろん、著者にとっても見出しをつけることで思考の整理が行えるため、ライティングもスムーズに進めることができるからです。

■ 文章にリズムを与える

また、文章にリズムを与えるのも1つの方法です。

具体的には、「句読点を使い、長短の文章を織り交ぜる」、「体言止めを使う」、「話し言葉、疑問形の文章で変化をつける」ことです。

特に「話し言葉、疑問形の文章で変化をつける」のは、視覚的な変化でリズムを生み出すだけでなく、読者を惹きつける効果があります。疑問を投げかけ、その次に説明を行うと、コンテンツとキャッチボールを行っている（コミュニケーションしている）ようなリズムを生み出します。

疑問形は読者への質問の投げかけだけでなく、例え自問自答のカタチであっても興味を喚起する効果を生み出します。

これらを踏まえてライティングを完成させたら、最後はしっかり音読して確認しましょう。読みにくいところがあればリズムが悪いとも言えるので、書き直してみてください。

特に同じ言葉を多用していると、とてもリズムが悪くなります。違った表現を使って工夫してみましょう。

文体や表記を統一する

ライティングを終えたら、コンテンツとしてより良い完成形にするために文体や表記にちゃんと統一性があるかをチェックしましょう。

自分一人がすべてのライティングを行っているのであれば文体の違いや表記ゆれはかなり少ないでしょうが、複数のライターでライティングを行うと、同じWebサイト内に文体や表記がまったく違うコンテンツが混在することで読者に違和感を与えてしまいかねません。

そうならないようにするためにも文体や表記を統一する、共通のライティングルールを決めておくようにしましょう。

ライティングルールを明文化したマニュアルを作成して共有すれば、文体の違いや表記ゆれを防ぎやすくなります。

☐ 文体の統一

文章の締めは「です」「ます」など丁寧な言い回しにするのか、「だ」「である」など断定的に言い切るかで印象も違ったものになります。

自身のWebサイトはどちらが適しているかを考えて決めましょう。

☐ 表記の統一

例えば「筆箱」なのか「ペンケース」なのか、「お弁当箱」なのか「ランチボックス」なのかでも印象が違います。

前者より後者のほうがおしゃれな感じを受けるメリットがありますが、年配の方にはピンとこない、イメージが湧きにくいというデメリットもあります。

さらにコンテンツ内でどちらも使っている、混在してしまっていると読者はそのコンテンツそのものの信憑性も疑ってしまいます。

表記は必ず統一する、こちらも共通のライティングルールとして決めておき、最後はしっかりチェックを行うようにしましょう。

作って終わりではなく、リライトでさらに生かす

基本的なライティングは以上です。これまでのことを行えばライティングもできている、コンテンツも完成していることでしょう。しかし、あえてもう一歩、さらにコンテンツを生かす方法を教えましょう。

それは作って終わりにするのではなく、リライトを行い、より良いコンテンツに改善することです **03**。

絶えず新しいコンテンツを作ることもよいのですが、リライトは今あるコンテンツをさらに生かすことで、新しいコンテンツを一から作るよりも手間も時間もかからないという考え方に基づいています。読者の反応を見て（分析して）改善を行うのでコンテンツの質を上げやすいというメリットもあります。

リライトを行う際は、必ず「そのコンテンツの何が読者のニーズ（意図）と合致するのか」、「もしニーズと合致しないなら足りない情報は何か」を分析しましょう。

合致しているならさらに分かりやすくライティングする（丁寧に書く、余計な文章は削る）、合致していないなら情報を追記するなどでコンテンツの質を上げます。

また、リライトを行う対象はコンテンツ内の文章だけでなく、タイトルや見出しも対象としましょう。

コンテンツの内容とタイトル、見出しが一致していないことも よくあることです。特にタイトルとコンテンツの内容が大きく 違っていると、読者は騙された（釣られた）という負の感情を持っ てしまうこともあるのでしっかり確認しておきたいところです。

　特にリライトはSEOでは有効に働く施策でもあります。さら に詳しいことはCHAPTER 3のSEOの項目で説明します。

03　ライティングの流れ

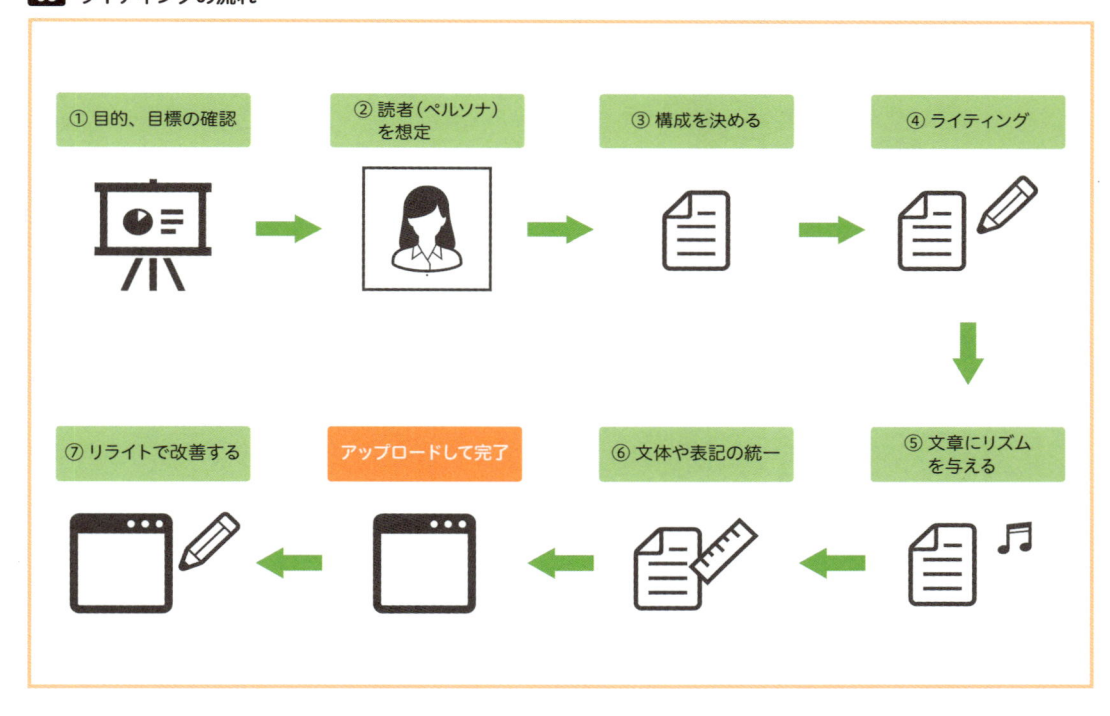

section 08 コンテンツの幅の広げ方

コンテンツマーケティングは新しいコンテンツを作り、既存のコンテンツを見直してリライトすることも求められますが、コンテンツの「ネタ切れ」という壁にぶつかります。そんな時に無理してコンテンツを作ってもうまくいかず、また、コンテンツの制作、更新を止めてしまうのもよい対応とは言えません。コンテンツマーケティングを続けるにはコツがあるのです。

ネタが無いのではなく、ネタに気が付いていない

しばらくはコンテンツを作成できていた、ライティングを続けることができていた…なのにまったく書けなくなってしまった、という状況におちいってしまうことは、コンテンツマーケティングではよくあることです。

この状況は「書けなくなってしまった」というよりは、「自社(自身)が明文化できている、書けるだけの情報」を書ききってしまった状況でもあるとも言えます。

そんなときは、書くためのネタが無いのではなく、幅を広げるためのネタに気が付いていないという考え方にシフトする、コンテンツの幅を広げるという考えに改めることが肝要です。

灯台下暗しではありませんが、ネタになるものは案外近くに転がっていても、意識して見ない限りはなかなかそれに気が付くことがありません。

「視点を変えてみる」ことで見えなかったものが見えてくる、見落としていたネタに気が付くことができるのです。

実際にどういうユーザーが閲覧しているかを確認する

　ここまで何度も「コンテンツは読者（ユーザー）の意図（ニーズ）を汲むことが大切」だと言及しましたが、最初はどうしても情報を提供する側のみの視点で書かれたコンテンツになりがちであり、言いたいことをすべて言ってしまうことでネタ不足におちいることにもなると言えます。

　また、できる限り読者の視点から考えて書いたコンテンツであっても、最初に決めた想定読者（ペルソナ）を、現実離れした自身にとって都合の良い人物像で決めてしまっていると、最初の起点からズレているために、実際の読者にはまったく刺さらない、読まれないコンテンツになるのもよくある失敗例です。

　コンテンツのネタが無いと悩んだときは、まずは想定読者が現実味のあるものか、ズレていないかを確認し、実際にコンテンツを閲覧しているユーザーは想定読者と合っているのかをアクセスログなどから分析、確認を行うことで乖離を防ぎましょう。

> アクセスログの分析については、CHAPTER 3 section 03の「分析とリサーチ①」で詳しく解説します。

ズレを見つける

　想定読者を分析、確認することはコンテンツがズレていないことを確認するだけでなく、ズレているならばどこがズレているのかを見つけるためでもあります。

　実はそのズレがコンテンツの幅を広げるためのネタにもなり得るのです。

　例えばスポーツのECサイト、スポーツの中でもサッカーを専門としたECサイトのコンテンツを作成、運営していたとします。そしてコアユーザーとして閲覧するペルソナは、前のセクションのペルソナシートのような人物と想定した場合で考えてみます。

　このユーザーが見たいコンテンツ、商品を買いたくなるコンテンツとなると、あなたはどんなコンテンツを作成しますか？

　サッカー専門のECサイトなのだから当然商品のスペックや価格、特徴の説明文を記載したコンテンツを作成するでしょうが、果たしてそれがユーザーの意図を汲んでいるか、想定読者が閲覧しているのかは分析、確認を行わなければ分かりません。

　アクセス解析ツールとしてよく使われているGoogleアナリティクス は、Webサイトを閲覧したユーザーの年代や興味のあるジャンルなど、完全に正確なデータではありませんがユーザーの傾向がある程度は分かります。

　また、Google Search Console **02** は、自身のWebサイトにGoogleからどのような検索クエリで検索され、流入しているのかが分かります。特に検索クエリは（検索）ユーザーの意図を多分

に含んだデータでもあるのです。

　この2つのツールを使って、ズレを見つけましょう。

　概ね予想した検索クエリで検索流入していれば、大きくはズレていないと言えますが、想定していない検索クエリで流入しているのであれば、それはコンテンツを作成した側の意図とユーザーの意図がズレているからとも言えます。

01 Googleアナリティクス

02 Google Search Console

ズレがコンテンツの幅を広げるネタになる

　例で挙げたサッカーのECサイトの場合、商品名での検索はもちろん、その商品を実際に使っているプロの選手の名前や、チーム名を合わせて検索する人もいれば、素材で検索する人もいるでしょう。

　自分が使うのではなく、子どもへのプレゼントとして送る人なら「ジュニアサイズ」というクエリなども含めて検索するでしょうし、チームを結成してお揃いのユニフォームを大量に注文したい人なら番号やネームのプリント、複数の注文による割引の有無なども合わせて調べるでしょう。実際に商品を使っている写真や動画を観たいという人もいるでしょう。

　もし、あなたの用意したコンテンツにそれらが明記されていなかったり、そもそも想定していなかった（ズレていた）のならば、ぜひコンテンツとして作成、実装することをおススメします。

　受け手であるユーザーの意図と、作り手である自身のコンテンツを一致させることはコンテンツの幅を広げてネタ切れを防ぐだけでなく、読者（ユーザー）の意図（ニーズ）を汲むことを適えるので、あなたのコンテンツマーケティングの目的、目標も適えることになるのです。

コンテンツの幅を広げる考え方については、CHAPTER 3 section 09でも詳しく説明します。

section 09 メインテーマから著しくブレない

コンテンツマーケティングで幅を広げることばかりを意識しすぎると、メインのテーマから著しくブレたコンテンツを作ってしまうことがあります。
軸となるテーマがあるからこそ幅を広げることができるのですが、幅を広げる手段を目的にしてしまうと、コンテンツマーケティングの目的を達成するどころか意義すらも薄れてしまうので注意しましょう。

「幅を広げる＝多くのネタを扱う」ではない

　前のセクションではコンテンツの幅を広げるためにズレを利用することを解説しましたが、コンテンツのマーケティングの幹となるテーマ、軸はズラしてはいけません。

　コンテンツは読者（ユーザー）の意図（ニーズ）を汲むことを適えることが大切だとは言えど、それだけにフォーカスしてしまうと自身のコンテンツのテーマとはまったく異なるテーマでコンテンツを作ってしまって読者に混乱を与えてしまいます。

　一時的なアテンションを獲得できても、長い目で見ると逆に読者離れを起こすきっかけにもなるからです。

　極端な例えですが、前述のサッカー専門のEC サイトの場合、話題になっているから（売れているから）ということで他のスポーツのコンテンツや商品を無造作に追加したとします。

　一時的にはPV も売り上げも増えるでしょうが、ブームが過ぎれば今まで集まっていた読者は二度と訪問しなくなるどころか、これまでに築いてきたサッカー専門のEC サイトというブランディングも一緒に失ってしまいます。

　今後の運営方針として、サッカー専門ではなくてスポーツ全般のEC サイトとして運営していくというのであれば1つの戦略となり得ますが、EC サイトに限らず自身の専門外のテーマをコンテンツとして扱うのはリスクが大きい施策です。

なぜならばWebサイトに限らず、自分の専門外の事を知ったようなフリして「いっちょ噛み」される、門外漢に語られるのは説得力が無いどころか、特にその軸、テーマに永続的に興味を持っている人やファンにとっては必要以上に不快感を与えてしまうリスクにもなるのです。

これまでにビジネスモデルの確認はもちろんコンテンツマーケティングの目標、目的をハッキリさせてきたのは、コンテンツの軸を安定させるためでもあり、軸が安定してズレないからこそ幅を広げる意味がある、コンテンツマーケティングを長く続けていくことにもプラスに働かせるためでもあるのです **01**。

一時的なアテンションで集まる読者も同じく「いっちょ噛み」な読者、その大多数が永続的なファンではないので離れるスピードも早いものです。

01 多くのネタを扱えば良いというわけではない

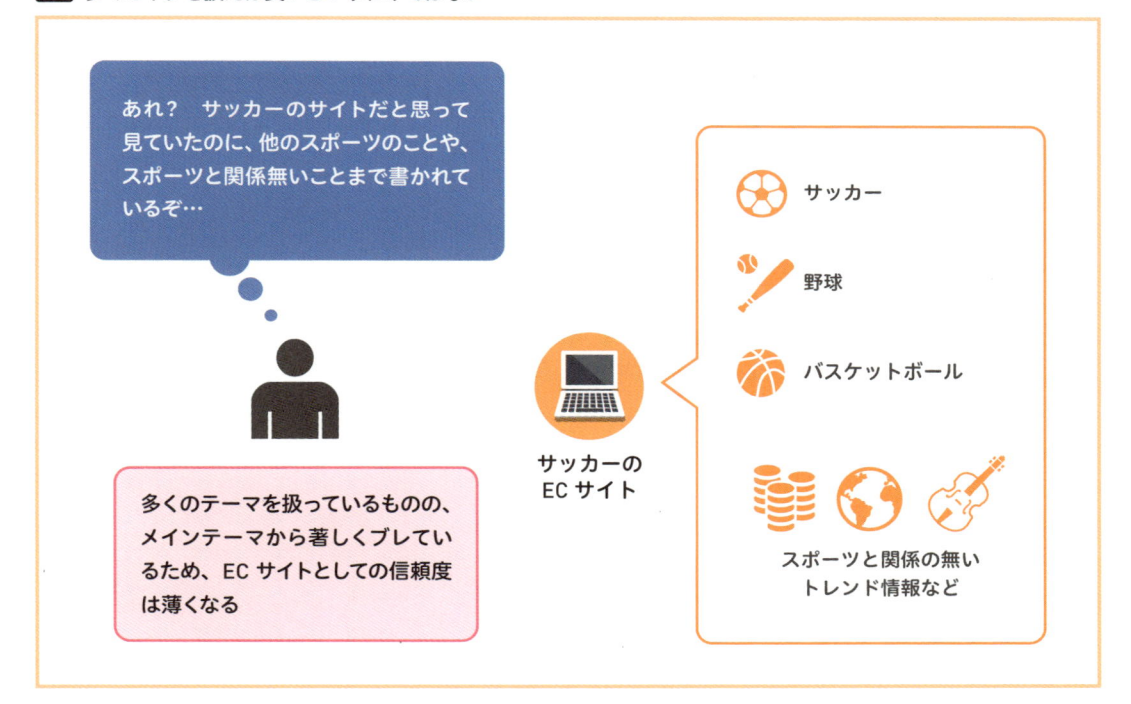

あれ？　サッカーのサイトだと思って見ていたのに、他のスポーツのことや、スポーツと関係無いことまで書かれているぞ…

多くのテーマを扱っているものの、メインテーマから著しくブレているため、EC サイトとしての信頼度は薄くなる

サッカーの
EC サイト

🏐 サッカー

⚾ 野球

🏀 バスケットボール

スポーツと関係の無い
トレンド情報など

続けていくことを前提に運営する

コンテンツマーケティングは続けていくこと、メディアとして育てることも重要な要素のひとつです。

人と人の関係、信用、信頼が一長一短で得られることが無いのと一緒で、メディア運営も続けていくからこそ信用、信頼が得られます。前述の、軸がズレている（専門ではない）ことをコンテンツにしてしまうのは、言っていることが一貫していないという印

象も与えるため、信用、信頼を落としてしまう顕著な例でもあります。

　もちろん短期的な成果を得ればこそ長期的に運営することが可能になり得るので、コンテンツ制作を続けていくためにも日々のリターンを得ないといけないのも実情でしょう。

　コンテンツマーケティングには短期的な成果を得ながら長期的に運営していく、並行して進めていくことが求められ、これが難しいからこそ続けることができないとも言えます。

　そのような場合はどうすればよいのでしょうか？　軸、テーマはブレないが目的、目標がブレる（多義に渡る）場合について考えてみましょう。

昨今ではオウンドメディアが次々に閉鎖されていることが話題になっています。長期的に運営することがいかに難しいことかの証左でもあります。

軸、テーマはブレないが、目的、目標がブレる場合

　前述のように、扱う軸、テーマはブレないけれど、目的、目標がブレる（多義に渡る）場合があります。例えば、EC サイトの最終目的は日々の商品の売り上げ（短期的な成果）ですが、そこに至るように読者とコミュニケーションを取りながら購買意欲を育てていく（長期的なファンを作り出すこと）も目標の1つであるため、すべてのコンテンツページが最終目的を即座に適えることは不可能だと言えます。

　その場合は、コンテンツページごとに役割や目標（KGI、KPI）を変えるといった設定をすればよいのです。

　KGI、KPI は Web サイトすべてのコンテンツページで統一しなければいけない、また、時間軸もすべて統一しなければいけないというわけではありません。

　むしろコンテンツの幅を広げるという意味において、目的、目標によってコンテンツページを作り分ける、役割が違うコンテンツページを用意することは理に適っていると言えます。

　コンテンツページ単体で目標、目的を適えるのではなく、短期的にも長期的にも Web サイトというメディア全体で目標、目的を適えると考えてコンテンツを作成、運営しましょう。

コンテンツページごとの目標、目的の定め方は、CHAPTER 2 section 04「目標となるものをハッキリさせる」を再確認してください。

コンテンツの方向性を定めよう

ペルソナやカスタマージャーニーなどを知り、活用する

ペルソナやカスタマージャーニーは、コンテンツマーケティングをさらに促進させて精度の高い施策とするために、欠かせないものです。図式や言葉で具体的に表現して可視化させることは、コンテンツマーケティングはもちろんのこと、自身のビジネスの重要となるポイントや、リスクとなるポイントも掴むことができるのです。

ペルソナを想定する

　まずは、ペルソナを設定します。

　ペルソナが読みたいコンテンツはどういうものか（読者のニーズは何か）という考えに基づいて、コンテンツを読みに来た（読みたいと思っている）具体的な人物像に落とし込んでいきましょう。CHAPTER 1 section 04 や CHAPTER 2 section 07 にあるペルソナシートを元に、自身の Web サイトのペルソナを想定してみましょう。ペルソナシートの項目を増やして、もっと詳細に設定するのもよいでしょう。

　もしあなたがペルソナを想像し難いのであれば、実際に顧客と接することが多い営業やカスタマーサポート部門のスタッフにヒアリングしてみるのもひとつの方法です。ヒアリングを行うときは、ペルソナの行動ばかりに着目するのではなく、その行動を行った動機や理由を聞き、一緒に考えてみましょう **01**。

　動機や理由を突き詰めて考えることで、より具体的で現実味のあるペルソナを設定することができます。

ストーリーを組み立てる

　ペルソナを想定した後は、そのペルソナが辿るであろうストーリーを組み立てます。ストーリーの元となるのは前述のペルソナの動機や理由であり、ここで組み立てるストーリーは次のカスタマージャーニーの元にもなります。

診断クエスチョン

Q1 性別は？	Q16 通勤時間は？
Q2 年齢は？	Q17 服装など身なりに気を使うか？
Q3 職業は？	Q18 社交的か？
Q4 年収は？	Q19 家事を行うか？
Q5 学歴は？	Q20 戸建てか？マンション（アパート）か？
Q6 住所は？	Q21 読書をするか？
Q7 出身地は？	Q22 友人は多い（何人）か？
Q8 体重（体系）は？	Q23 休日は何をして過ごすか？
Q9 結婚しているか？	Q24 お酒を飲むか？
Q10 子供はいるか？	Q25 車を持っているか？
Q11 親と同居しているか？	Q26 朝方か？夜型か？
Q12 趣味は？	Q27 副業や投資をしているか？
Q13 インドア派か？アウトドア派か？	Q28 遊びに行く街は？
Q14 1日のインターネット利用時間は？	Q29 好きな芸能人は？
Q15 1日のテレビ視聴時間は？	Q30 好きな漫画は？

　ここで重要なのは、ペルソナが現在どういう状況にいて、何を考え、どのような体験をしているかです。02 の要素を踏まえてストーリーを組み立ててみてください。

　賢明な方は既に気が付いているかも知れませんが、いざストーリーを組み立ててみると、スタートとゴールでのペルソナの状況はもちろん、何を考え、どのような体験をしているかは終始固定されず、変わっていくものだと気が付くでしょう。

　そのストーリーをさらに具体的かつ精度の高いものにするのが、次に説明するカスタマージャーニーです。

> ● **ペルソナの目的**
>
> ペルソナは何をしようとしているか、何の為の行動、体験なのか

> ● **ペルソナの意図**
>
> 目的までの行動、体験において、満足や成功に関わっているものは何か

> ● **ペルソナの事情、背景**
>
> 目的や意図に繋がる状況や事情、行動と思考に影響を与えるものは何か

カスタマージャーニーマップを作る

カスタマージャーニーとは、ペルソナに設定した顧客の認知や関心、思考や行動を旅の道筋に例えたものです。

また、ペルソナの行動や心理を時系列で並べて可視化したものが「カスタマージャーニーマップ」 **03** です。顧客の行動を把握するために、前述のストーリーをより具体的かつ可視化したものだと言えます。

カスタマージャーニーマップの作成の流れは以下の通りです。

① ペルソナを明確にする

前述の通り、先ずはペルソナを明確にします。動機や理由を突き詰めて考えることで、より具体的で現実味のあるペルソナを設定することができます。

② ストーリーを組み立てる

カスタマージャーニーマップのスタートとゴールを想定します。スタートが一緒でもゴールは違う、またはその逆もあるでしょう。その場合はパターンごとにカスタマージャーニーマップを作るとよいでしょう。

カスタマージャーニーマップはマーケティング手法の1つとして注目されています。

その背景、理由として、現代のユーザーは複数のチャネル（メディア、TVや新聞、雑誌など）を横断して情報収集や購買行動を行っていることが挙げられます。また、作り手や情報提供側の戦略や施策でも顧客体験は変化するため、個別にストーリーを組み立てる必要が出てきたからだとも言えます。

③ 元となるフォーマット、テンプレートを決める

カスタマージャーニーマップの元となるフォーマット、テンプレートを決めます。カスタマージャーニーマップのフォーマットにはAISASやAIDMAなどがあります。ユーザーのステージ（状況）を「興味・関心」「検索・認知」などに分け、作り手や情報提供側のステージも一緒に記載するとなお良いです。

④ マッピングする

上記のフォーマット、テンプレートにマッピング（記載）します。できれば自身だけでなく関係者（ペルソナについてヒアリングした方）を含めてマッピングするとさらに精度の高いカスタマージャーニーマップとなります。

03 カスタマージャーニーマップの例

時系列 →

		ステージ				
		興味・関心	検索・認知	比較・検討	行動（購入・申込み）	共有
ユーザー（お客様）	行動	もうすぐ転勤することが決まった	・検索エンジンで検索 ・SNS でも検索	リスティング広告から流入してランディングページを閲覧	・PC で申し込みフォームに入力 ・面倒くさいので電話で注文	・SNS に投稿 ・知り合いにも教えてあげよう
	思考	これを機に家具を一新したい	「家具激安」「家具セット」などで検索	・価格や送料は？ ・注文していつ納品されるの？ ・質の良いモノが欲しい	決済の方法は？クレジットカードは使える？	他にも欲しい家具の購入を検討してみようかな
	感情	なるべく早く決めたい	選択肢（家具の種類）が多すぎない？	うーん、決め手がイマイチ分からない	アフターサービスもしっかりしているようだ	このメーカーのファンになったかも
ビジネス側（提供側）	課題	多くのお客さんに自社商品を知ってもらいたい	検索エンジンや SNS からの集客	ランディングページを見てユーザーが直帰してしまう	申し込みフォームに入力途中でユーザーが離脱する	リピーター、ファンを増やしたい
	施策	・ランディングページの作成 ・TVCM ・新聞広告 ...etc	・リスティング広告 ・SNS の投稿（広告）	・図や絵を使って詳しく説明 ・他社の商品との比較、メリット、デメリットの明記	・申し込みフォームの簡素化 ・電話でも注文を承る。	・メルマガ（ステップメール）で他のお得商品の紹介 ・定期的に割引クーポンを配布

ペルソナ、カスタマージャーニーマップの注意点

せっかくペルソナやカスタマージャーニーマップを作っても、うまく活用できていないという場合は、以下のような要因が考えられます。適宜、見直し（確認、検証）を行ってみてください。

① 現実とかけ離れている

ペルソナやカスタマージャーニーマップを作る際は実際のデータ、事実に基づいて想定するものですが、作り手の願望ばかりを具現化したものを想定してしまい、現実とはかけ離れたペルソナやカスタマージャーニーを作ってしまうことがあります。そうならないためにも必ず仮説を立てて検証するようにしましょう。

② 最初から細かく設定しない

ペルソナやカスタマージャーニーマップは詳細であればあるほどよいですが、最初から細かく設定する、作ることはかなり難しいことです。何事も最初から難しいことを行うと挫折しやすいので、まずは自身が把握できる範囲で作成しましょう。

③ 必ず見直し（確認、検証）を行う

例え詳細かつ正確なペルソナやカスタマージャーニーマップを作成したとしても、長い年月が経つと現状と違う、現実とはそぐわないことも起こってきます。定期的に見直し（確認、検証）を計り、必要があれば修正を行う事で改善していきましょう。

section 11 興味・関心を「継続的に」持ってもらうことを意識する

コンテンツマーケティングはコンテンツの質を上げることで目的を達成することが大切ですが、同時に周知、集客も求められます。ユーザーに継続的に興味、関心を持ってもらわないと目的を達成することが難しいので、まずは知ってもらう必要があるからです。ここではコンテンツの改善だけでなく、いかにコンテンツを周知、集客させるか、その方法についても解説します。

なぜ定期更新を行うのか理解しておく

ユーザーに知ってもらうためにも、接触機会を増やす意味で新規コンテンツを作ることを重要視し、コンテンツを定期的に作成している方は多いと思います。

定期的に更新することで、「このWebサイトは今現在も運用されていて、常に新しい情報が掲載されている」という印象をユーザーに与えることができるからです。

確かに新しいコンテンツが増えれば増えるほどユーザーの接触機会が増え、PVが増えるきっかけにもなります。しかし、新規コンテンツを作ることは、あくまで手段であり目的ではないことを充分に理解しておかなければ、目的もPVも頭打ちして伸び悩んだときに打開策が見いだせない状況に陥ってしまいます。

また、CHAPTER 2 section 8で解説した「コンテンツの幅の広げ方」を理解しないと、ユーザーが求めるものとは検討違いのコンテンツを作ってしまって、周知や集客に繋げることもできないでしょう。

これは新規コンテンツを作るだけに限った話ではありません。既存コンテンツの改善やリライトの際も更新することを目的にしてしまうと、ユーザーが求めるものとは違う、検討違いのコンテンツになってしまい、リピーターがWebサイトから離れるきっかけにもなってしまいます。

新規のコンテンツも既存のコンテンツも、「ユーザーの意図をかなえるために改善する」という大前提を踏まえて、定期的に更

Webサイトを閲覧する側の立場になって考えてみましょう。あなたが見ているWebサイトがずっと更新が止まったままだと、掲載されている情報も古臭いものだという印象を持ち、積極的にまた訪れようとはなりにくいのではないでしょうか。

SEOの観点から「検索エンジンに拾われやすいようにするためにも、とにかく更新しよう」という意見もあります。しかし、これは更新が大切なのではなく、そのコンテンツのテーマや話題に即時性が求められるもの、検索ユーザーは最新であることを意図としているからです。更新が必ず正しいとは限りません。

新することが重要です。これをしっかりと理解することで、周知や集客だけでなくあなたのコンテンツマーケティングの目的、目標もかなえることになります。

更新したことを積極的に知らせる

コンテンツの改善だけであれば前述を理解、実施すれば良いのですが、コンテンツを周知し、集客も行うとなるとそれだけでは足らないと言わざるを得ません。

ユーザーが検索エンジンを使い、検索結果にコンテンツページへのリンクが表示されることでも流入が見込めるのですが、あくまで検索流入はユーザー主導であるため、ユーザーが見つけてくれる（プルしてくれる）のを待ち構えているだけの状態であるとも言えます。

これでは、いくら良いコンテンツを作ったとしても余程のファンやリピーターでない限り知られることがない状態です（理想を言えば、ファンやリピーターになる程のコンテンツを継続的に更新して行けばよいのですが）。

そこで、こちらからユーザーに更新したことを知らせる（プッシュする）ことで、積極的にコミュニケーションを図ることも同時進行していきましょう **01**。

01 更新したことをユーザーに知らせる

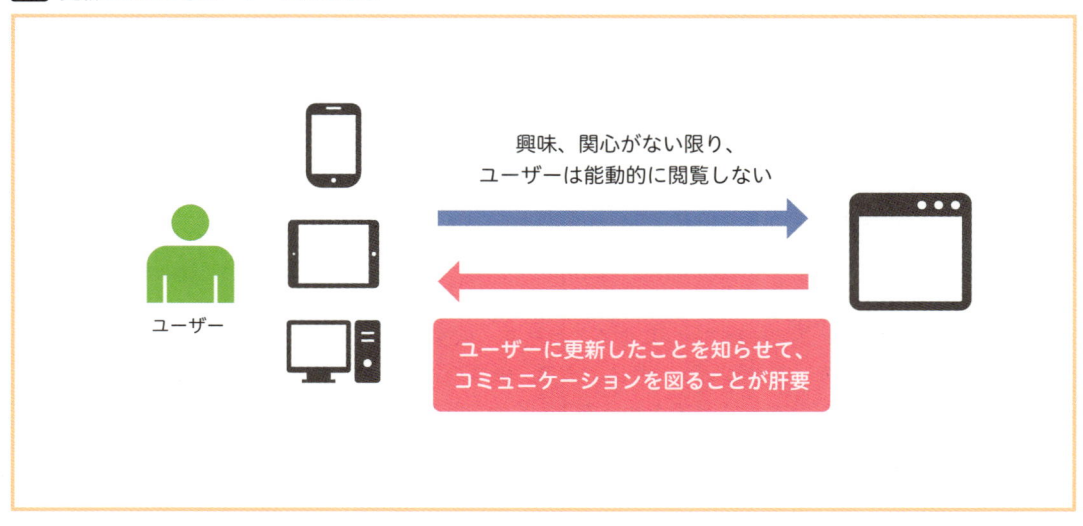

興味、関心がない限り、
ユーザーは能動的に閲覧しない

ユーザー

ユーザーに更新したことを知らせて、
コミュニケーションを図ることが肝要

情報を周知する方法

ユーザーに更新したことを知らせる方法は多種多様です。金銭的なコストがかかる営業的な方法もあれば、時間的なコストや労力、作業量がかかる方法もあります。

自身が周知、集客したいユーザーに適している方法を用いて継続的に興味を持ってもらいましょう。

■ 広告

Webメディアに限らず既存のメディア（TVや新聞など）や、看板や電車の中吊りなどを利用します。人々が生活をしていく中で目に留まりやすく、大多数に周知できますが、金銭的なコストがかかる方法でもあります。

大多数に周知するということは、広告の中身にまったく関心のない人に周知するためのコスト含まれるため、広告費は多額になる傾向にあります。目的達成のための費用対効果で鑑みると、コストに見合わないことも充分にあり得る方法です。

■ メルマガ、ダイレクトメールの配信

商品を購入したりサービスを申し込んだ顧客に、メルマガやダイレクトメールを送ることで周知、集客する方法です。一度はあなたの商品やサービスと接触していることから、まったく興味のないという人は少ないでしょう。ただし、顧客の中にはメルマガ、ダイレクトメールを好まない人もいるので、送信の了承をもらうのはもちろん、いつも似たような題名、似たような内容のメールを送っていては未開封のままごみ箱行きになるので、題名、内容をしっかり吟味して送信しましょう。

■ SNSを利用する

最近では、企業やメーカーなどが個人と「ゆるい繋がり」をSNSで行う、コミュニケーションを図ることも増えてきました。企業のSNSアカウントが有名になることも珍しくなく、Webサイトよりも先にSNSアカウントのファンになることもあります。SNSアカウントをフォローするということは、そのアカウントに関する情報を欲しているということでもあるので、更新情報を発信するのはもちろん、うまくコミュニケーションを図るツールとして利用しましょう。

Web広告についてはCHAPTER 3 section 05 、既存メディアの広告についてはCHAPTER 3 section 10にて詳しく解説しています。

ユーザーは一方的に押し付けられることや、距離感を間違えたコミュニケーションにはとても敏感に反応します。場合によっては逆に嫌悪感を与えることにもなるので、「自分だったらこういうことをされたら嫌だ」ということをSNSで決してやらないようにしましょう。

コンテンツマーケティングの
運用

section 01 日々の管理と運用

コンテンツマーケティングは一度作って終わりとはなりません。幅を広げて新しいコンテンツページの作成することはもちろん、既存のページをリライトしてさらにより良いコンテンツに改善を続けることも求められますが、コンテンツそのものだけでなく日々の管理、運用もしっかり行うからこそ、コンテンツマーケティングは促進されていきます。

確認事項とタイミングを決める

CHAPTER 2 section 04 では目標となるものをハッキリさせるためにKGIとKPIを決めましたが、ここではさらにもう一歩進めて、KGIとKPIをいつ確認するのかを決めてみましょう。

毎日確認するのか、それとも週に1回か、月に1回。場合によっては目的が達成されたら随時確認する、ということもあるでしょう。地味なことだと思われるかも知れませんが、確認事項とそのタイミングを決めておくことはコンテンツマーケティングでは大切なことです。

なぜ確認事項とタイミングを決めておくのか？ 理由は2つあります。

① 日々の管理、運用のルーティン化で作業負担を軽減する

例えばWebサイトのPV数、会員登録数、SNSのエンゲージメント数などは1日や1週間など、期間を区切って確認、集計するタイミングを決めましょう。リアルタイムで監視していると数字が変化することが面白く感じてしまい、ついつい眺め続けてしまいがちですが、その時間を他の業務に当てることはもちろん、タイミングを決めてルーティン化してしまえば自分以外の人も確認を行えるだけでなく、情報の共有も一緒に適えることができます。

② 定期的に確認することで、変化に気が付く

同じくWebサイトのPV数、会員登録数、SNSのエンゲージメ

ント数などを期間を区切って確認する理由は、いち早く変化に気が付くことができるからです。例えば今週は先週に比べて PV 数が激減したという場合、すぐに変化に気が付くだけでなく、なぜそうなったのかという原因も問題が起こった後なので探しやすいというメリットとなるからです。1日や1週間ごとの場合だと、調べてみたら同業他社が自社のサービスと似たサービスを打ち出して大々的に広告を打っていた…など、すぐに分かりますが、これが2，3か月後に調べるとなると、結構難しかったりします。

数値以外の確認事項は確認時間を決める

　数値など一目で分かりやすいものであれば、確認を重ねる度に作業にも慣れてきて、時間もある程度まで短縮されます。しかし、数値以外のもの、例えばコンテンツページのメンテンナンスなどはそうはいきません。

　確認する項目を固定化しておくことも必要ですが、コンテンツによっては固定化した項目だけでは済まない場合もあるからです（実際にリライトを行うとしても、個別に修正の度合いも変わってくるものです）。

　とは言え、確認をずっと続けていてもキリがありませんので、数値以外の確認事項は確認時間を決めておきましょう **01**。

　時間を区切ることでダラダラと考えることを抑止すると共に、できることだけにフォーカスすることにもなるので結果的に生産性も上がることになりますよ。

コンテンツの具体的なメンテナンス方法は次ページから解説します。

01 確認する項目とタイミングを決める

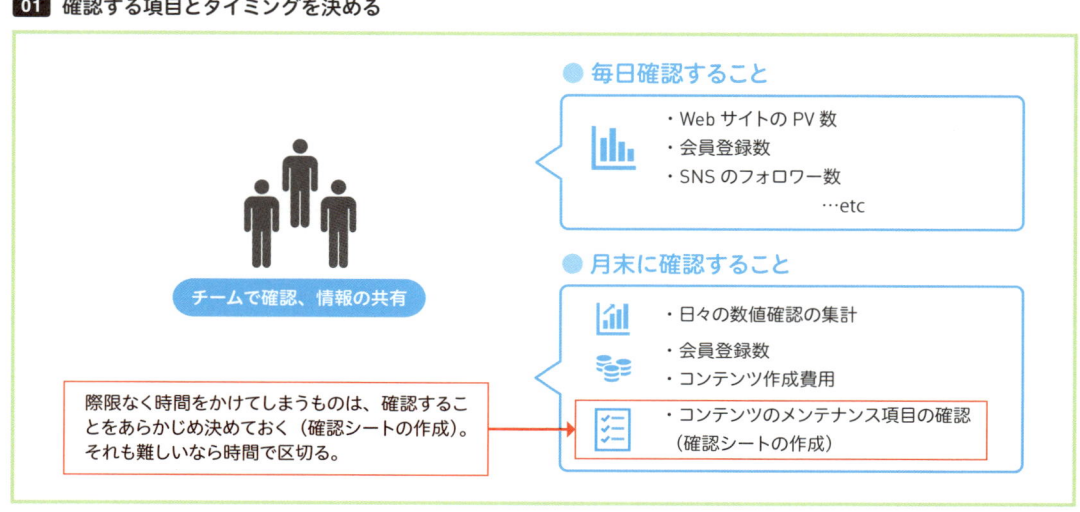

● **毎日確認すること**
・Web サイトの PV 数
・会員登録数
・SNS のフォロワー数
　　　…etc

● **月末に確認すること**
・日々の数値確認の集計
・会員登録数
・コンテンツ作成費用
・コンテンツのメンテナンス項目の確認
（確認シートの作成）

チームで確認、情報の共有

際限なく時間をかけてしまうものは、確認することをあらかじめ決めておく（確認シートの作成）。それも難しいなら時間で区切る。

section 02 コンテンツのメンテナンス

スマートフォンのアプリが適宜アップデートされるように、コンテンツマーケティングは取り扱うテーマや情報によってその頻度に違いはあっても、コンテンツを常にメンテナンスし、必要があればアップデートも行わなければならないと言っても過言ではありません。ここではコンテンツのメンテナンスについて、保守だけではなく改善を重ねるコツについて説明します。

リライトを行う

Webサイトのメンテナンスで欠かせない方法が、コンテンツのリライトです。

CHAPTER 2 section 07でライティングの基本として紹介したように、コンテンツを作って終わりにするのではなく、読者の反応を見て（分析して）リライトを行うことで、より良いコンテンツに昇華することができます。

ただし、リライトが読者の反応を伺う方法とはいえ、必要以上にユーザーに迎合してくだけすぎた文体にすると軽薄なイメージを与えてしまう恐れがあります。また、テーマや軸から外れた内容にすると、リピーターやファンが違和感を覚えて離れていってしまうリスクも生じます。

そのためにも、文体や表記を統一するのはもちろん、最初に決めたライティングルールを極力順守するようにしましょう。

また、リライトはあくまで足りない情報を加えたり、逆に余計な情報を削ったりすることでユーザーに理解、納得を高めてもらうために行うものでもあります。

よって、ユーザーの顕在意識のニーズ（意図）を満たすのはもちろん、ユーザー自身が気が付いていない潜在意識のニーズを満たすことで期待以上の価値を提供すれば、ファンやリピーターはさらに増えていき、コンテンツマーケティングの目的も果たすことができるでしょう。

> リライトでは、さらに分かりやすくなるように写真や動画、図式などを加える工夫も考えてみましょう。

最新の情報に更新する（即時性が重要なテーマ、情報を扱う場合）

　一度作成したら終わりという永続的かつ不変のテーマや情報だけを扱っていれば、メンテナンスはほぼ必要ありません。しかし、この本を読まれている方のほぼすべてがそうではなく、情報の更新が必要なテーマをコンテンツとして扱っているのではないでしょうか。

　冒頭でコンテンツは常にメンテナンスし、必要があればアップデートも行わなければならないと示したように、（ポータルサイトのように日々最新ニュースを掲載するサイトとは違うとはいえども）即時性が重要なテーマや情報を扱う場合はユーザーのためにもコンテンツは極力最新の情報を掲載することが望ましいです。

　また、コンテンツページは公開日や更新日も明記しておきましょう。これははじめてコンテンツページを閲覧したユーザーが、このコンテンツページの情報がいつのものなのかを即座に把握する助けとなります。

　今、閲覧しているコンテンツページの情報がいつのものなのかが分からなければ、ユーザーは混乱してしまうだけでなく、過去の情報を最新の情報だと勘違いさせてしまう恐れもあります。

　それではユーザーに価値を与えているコンテンツだとは言い難いでしょう。

アーカイブとして有効に使う

　ユーザーによっては、最新の情報ではなく過去の情報を求めていることもあります。

　例えば、スマートフォンのアプリやPCのソフトウェアなどはバージョンの違いで機能が違ってくることがあります。この場合、ユーザーは最新バージョンではなく一世代前のバージョンの情報を探しているかも知れません。

　コンテンツページ（特にタイトル）にバージョンの名称が書かれていればユーザーも把握しやすいですが、前述のように公開日、更新日も一緒に掲載されていれば、なおさら把握しやすくなります。

　ただし、1つのコンテンツページをリライトして1つのページにすべてまとめているとなると、閲覧しているユーザーだけでなく、リライトを行っているあなた自身も内容の把握が困難になり、リライトの作業も至難の業になってしまうでしょう。

　よって、例のような場合は1つのページにすべて書いてしまうのではなく、別のコンテンツページとして切り離すことが望ましいです。

また、情報が古くなったからといって過去のコンテンツページを削除してしまうのではなく、アーカイブとして残すことで最新の情報が欲しいユーザーと、過去の情報が欲しいユーザーの両方のニーズを満たすことができるのです **01** 。

回遊しやすいようにユーザビリティも考慮する

せっかくアーカイブとしてコンテンツページを残すのですから、最新のコンテンツページから過去のコンテンツページを即座に閲覧できるよう、また、その逆に過去のコンテンツページから最新のコンテンツページが即座に閲覧できるよう、もうひと工夫を加えてみましょう。

一番簡単な実現方法は、コンテンツページに相互の内部リンクを張ることです。

こうすればユーザーもサイト内で情報を求めて回遊しやすくなるとともに、情報の比較がしやすくなって使いやすさが増す（ユーザビリティが向上する）ため、ユーザーにプラスアルファの価値を提供することにつながると言えるでしょう。

また、関係の強いコンテンツページへのリンクは、SEOでも評価されます。

個別のコンテンツページの情報を充実させるだけでなくWebサイト全体でユーザーの意図を満たし、ツールとして使われることこそコンテンツマーケティングの勘所、コツです。これを常に意識して、日々の管理、運用を行いましょう。

01 公開日、更新日を明記してアーカイブとして有効に使う

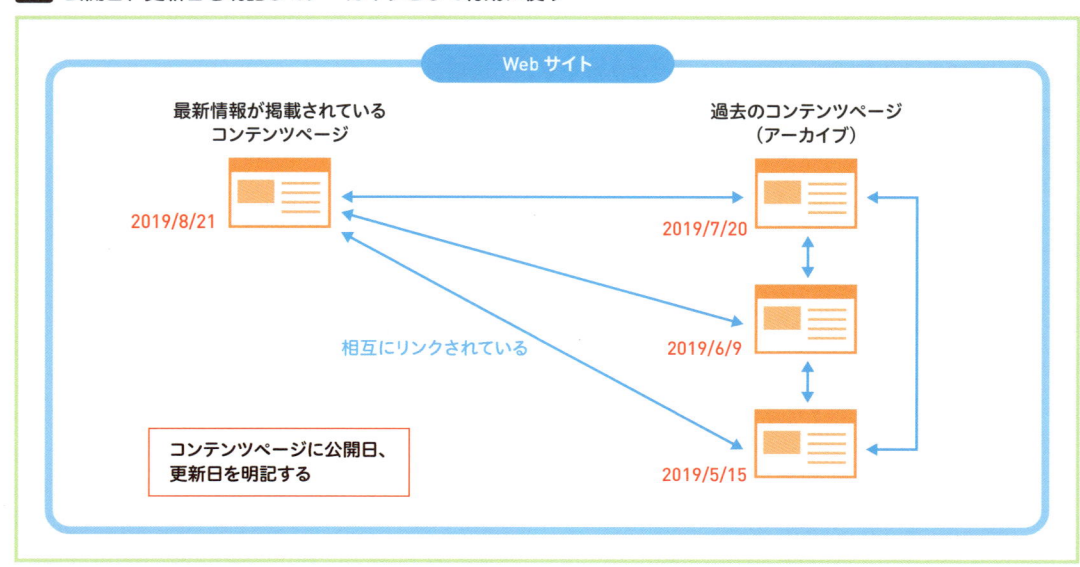

section 03 分析とリサーチ① アクセス解析ツール「Googleアナリティクス」

コンテンツマーケティングにおいて、コンテンツページを改善するには分析とリサーチは欠かせません。アクセス解析ツールを使って、コンテンツページだけでなくWebサイトの現状を把握して分析することは、特に改善の近道であると同時に、自身でも気が付かなかったWebサイトの強み、弱みも見えてきます。アクセス解析ツールをうまく使って促進しましょう。

代表的なツール「Googleアナリティクス」を導入する

　Webサイトを運営、管理しているならば、アクセス解析ツールを導入していないことはないと言うくらいに、ほぼすべての方がアクセス解析ツールを導入していることでしょう。

　CMSや、契約したレンタルサーバーによっては簡易的なアクセス解析ツールが提供されていることもありますが、コンテンツマーケティングとして分析やリサーチを行うには、無料で高性能なツール「Googleアナリティクス」 `01` を導入することをおススメします。

　また、Google検索からの検索流入クエリ（キーワード）や、平均検索順位などを知るためにも「Google Search Console」というツールも併せて導入することをおススメします。

CMS

Content Management System の略で、HTMLやCSS、その他の専門的な知識に詳しくなくても、Webサイトを作成・運用できるシステムのこと。
WordPressやMovable Typeが有名。

`01` Googleアナリティクス

https://www.google.com/intl/ja_jp/analytics/

Search Console を使えば Google 検索からの流入に限り検索クエリを知ることができるとともに、Google アナリティクスとデータを連携させることで、より詳細な分析やリサーチが可能となります（Search Console の使い方は、次のセクションで解説します）。

Googleアナリティクスでチェックするべき数字

Google アナリティクスを使ってはいるものの、「取得できるデータが多過ぎてどう分析すればよいか分からない…」、「アナリティクスを見たとしても日々のページビュー数や検索クエリぐらいしか見ていない…」という方も多く、せっかくアクセス解析ツールを使っていてもうまく活用できていない、ということが往々にして起こります。

アクセス解析では、コンテンツページだけではなく Web サイト全体として見るのはもちろん、まずは現状を知ることが重要です。改善を行うにも、現状を把握して分析した上で施策を考えないと、見当違いの結論を出し、間違った施策を行ってしまうことにもなりかねないからです。

コンテンツマーケティングの目的や、KGI、KPI などの目標によって見るべき数値項目は変わりますが、チェックするべき項目は **02** の3つが基本です。

02 Googleアナリティクスでチェックすべき基本項目

1 コンテンツページの流入数（アクセス数）

コンテンツページへ流入したユーザーのアクセス数です。Google アナリティクスでは「セッション」と呼ばれています。月でどのくらいのアクセス数があるか、一日平均だとどのくらいのアクセスがあるかをしっかり把握しておくとともに、この数を増やすことはコンテンツマーケティングの目的を達成するための機会を増やす第一歩となります。

2 コンテンツページへの流入経路

どういう経路でコンテンツページに辿り着いたかを確認します。検索エンジンか（自然検索かリスティング広告か）、それとも外部サイトのリンクから辿って来たのか、はたまた SNS などからの流入か、ブックマークなどの直接流入かをチェックします。これを知ることで自身のコンテンツページがどのようなユーザーに（どこから流入して来たユーザーに）閲覧されているかを想定しやすくなります。ペルソナの見直しにも使えます。

3 コンテンツページのコンバージョン数

これが最も大切な指標であり、コンテンツマーケティングの目的に直結する成果です。この数を上げるために分析を行うと言っても過言ではありません。タグを埋め込むことで Google アナリティクスや Google 広告などでも数を把握できますが、実際に申し込みを受けた数（メールや電話の数など）で計測すると正確性が増します。

Googleアナリティクスで、まずはこの3つの基本的な項目の数値をチェックすることで、コンテンツページとWebサイトの現状を把握します。

また、前月や前年など過去のデータと比較することで、改善ポイントを見つけていきます。

● 流入数を調べる

Googleアナリティクスの画面の左メニューから、[行動] → [サイトコンテンツ] → [ランディングページ] を選択し、右の「ランディングページ」一覧から調べたいコンテンツページのURLを選択して、セッション数をチェックします **03**。

03 流入数

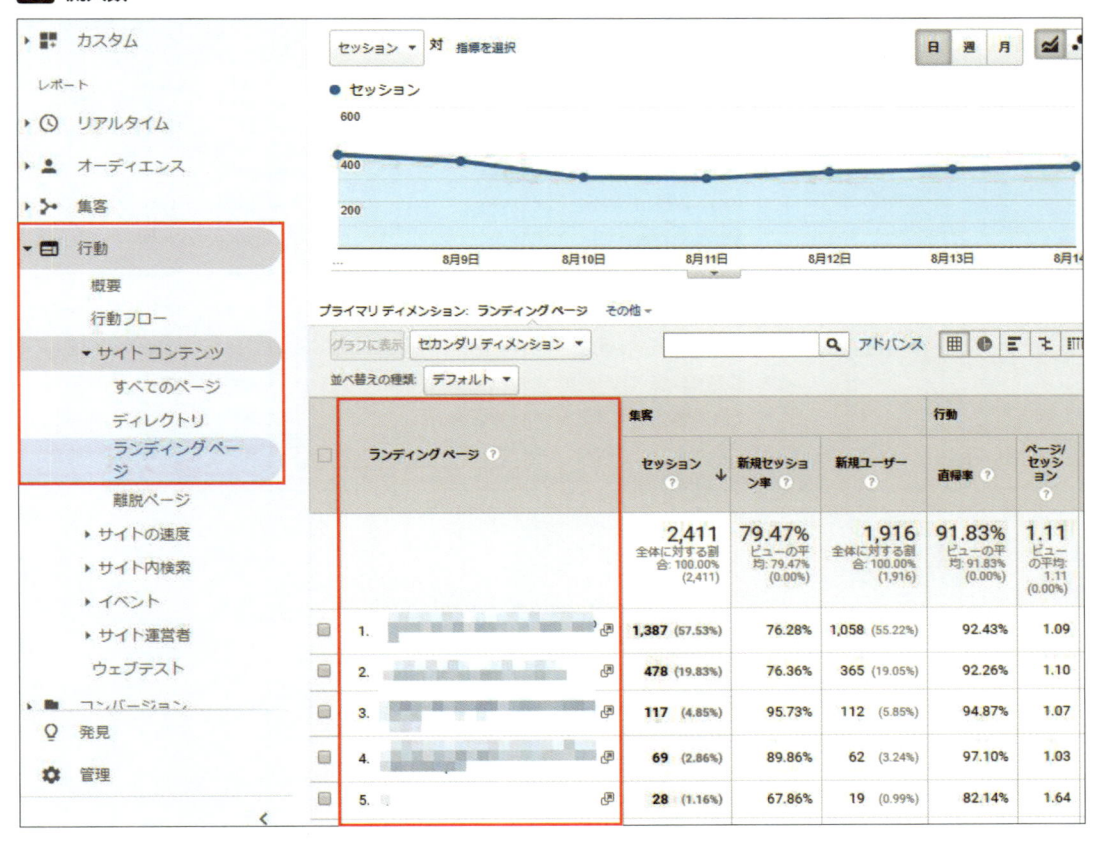

■ 流入経路を調べる

03 のランディングページの一覧から、調べたいページのURL
をクリックします。次に[セカンダリディメンション]をクリック
して、[集客]→[参照元]を選択し、ユーザーはどこから流入して
来たかをチェックします **04** 。

04 流入経路

[集客]→[参照元]を選択

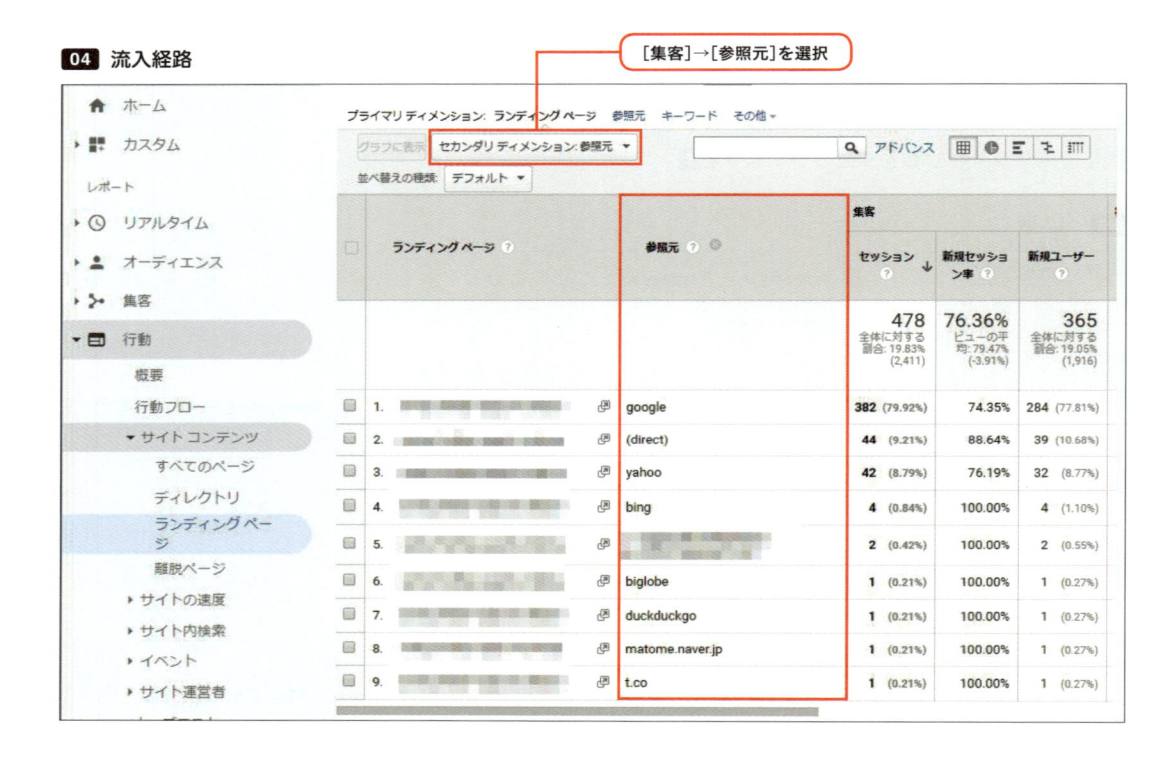

検索クエリ（キーワード）から分析する

SEOにチカラを入れている方、中でも検索流入を気にしているならば、アクセス解析のデータでは検索クエリ（キーワード）を欠かさずチェックしている方は多いでしょう。検索エンジンを使って検索を行い、流入しているユーザーを分析するのは、読者の傾向を最もつかみやすい方法でもあります。

なぜならば、検索クエリは検索ユーザーのニーズ（意図）を端的に表した言葉でもあるからです。検索クエリを確認、分析する際に注視するポイントは、コンテンツページで伝えたい内容と検索クエリが一致しているか（想定していた検索クエリからの流入か）です。

一致していれば、そのコンテンツページはユーザーの意図と合致しているのはもちろん、コンテンツページとして役割を果たせているとも言えます。

これを他のコンテンツページでも繰り返すことで再現性が高くなり、コンテンツページの質も上がっていくことでしょう。

ちなみにGoogleアナリティクスでは、自然検索によってWebサイトへ流入した検索クエリを調べるメニューが用意されていますが、GoogleやYahoo!など大手検索エンジンはSSL（Secure Socket Layer）によるデータ暗号化のため、ほとんどの検索クエリデータが取得できなくなってしまいました。

ただしGoogle検索からの流入に限れば、Search ConsoleでWebサイトへ流入した検索クエリを調べることができますので、ぜひこの機会にSearch Consoleのアカウントを取得し、Googleアナリティクスと連携を行ってください。

もちろんSearch Consoleだけでも検索クエリを調べることができます。また、コンテンツページごとの検索クエリを調べるには、Search Consoleの方が手順は簡単です。その手順は次のセクションで説明します。

■ 検索クエリを調べる

Googleアナリティクスの画面の左メニューから、[集客] → [Search Console] → [検索クエリ] を選択すると、右に自身のWebサイトに"Googleから検索流入した検索クエリ"が一覧で表示されます **05** 。

05 検索クエリ

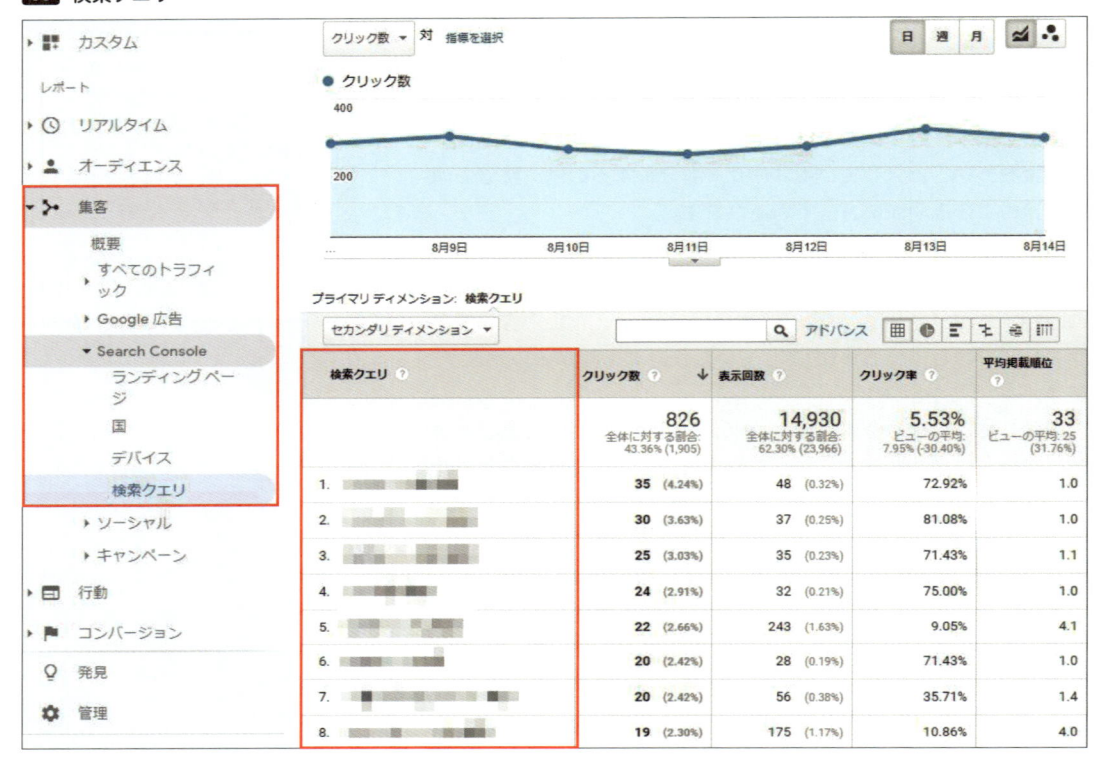

アクセス解析から仮説を立ててみる

　アクセス解析ツールで上記のデータをひと通り確認した次は、コンテンツページに流入したユーザーについて分析します。

　まずはデータから仮説を立て、そこから改善案を考え、実現可能かつ具体的な施策にまで改善策を落とし込んでいきましょう。例えば、コンテンツページの流入経路の違い **06** だけでも、以下のようなことが仮説として立てることができます。

06 コンテンツページの流入経路

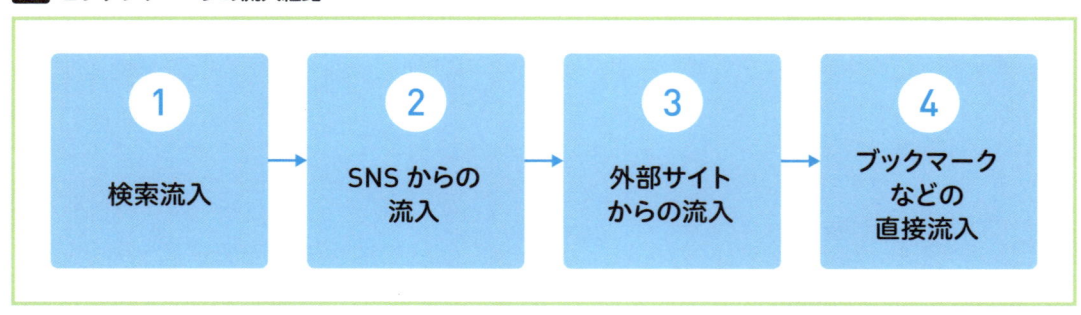

□ ① 検索流入

参照元のGoogleやYahoo!からの数値が減っている場合、検索エンジンからの流入が減っていることが分かります。その場合は、前月と比べて減少している検索クエリ（キーワード）は何かを調べ、「対象のコンテンツページでは検索クエリの意図を満たしていないから検索流入が落ちた（検索順位が下がった）」という仮説を立ててみます。

改善案は、検索クエリの意図をしっかり満たすように修正を行う（コンテンツをリライトする）ことと、具体的な施策までを考え、実施しましょう。

□ ② SNSからの流入

facebook.comやt.co（Twitterの短縮URL）からの流入経路が増えていれば、FacebookやTwitterでコンテンツページが共有され、そこから興味を持って流入したユーザーが多かったことが分かります。仮説を立てるために、SNS上での該当のコンテンツページの評判をチェックしてみましょう。

「概ねユーザーに好評である、同意されている」のであれば、「同じテーマ、情報で少し軸をズラしたコンテンツページも求められるであろう」と仮説を立て、新しいコンテンツページを作成するのもよいでしょう。

逆に、自身の意図とは違った受け取られ方をして（炎上によって）アクセスが増えることも、たまに発生します。その場合はコンテンツページのどこが原因となっているか（記載した内容に不備は無いか）、感情的に煽る内容になっていないかなどを確認します。そしてコンテンツページを修正するのはもちろん、間違っていたことをしっかりと陳謝、告知しましょう（SNS上での評判調査や運用については後のセクションでも解説します）。

□ ③ 外部サイトからの流入

外部サイトに張られているリンクを辿って流入してきたのであれば、その外部サイトに書かれているコンテンツの内容を実際にチェックすることで、自社のコンテンツページや自社の商品やサービスがどのような紹介をなされているかなどを知ることができます。

「そこにユーザーが潜在的にも顕在的にも欲しがっている情報が掲載されているからこそ、そこからコンテンツページに辿り着いた」という仮説を立て、コンテンツページの内容をさらに充実させることはもちろん、商品、サービスページにスムーズに誘導するよう、リンクやボタンを設置してWebサイトとしてユーザビリティも向上させましょう。

ブックマークなどの直接流入は、残念ながら参照元が断定し難いものです。しかし、ブックマーク、直接流入ということは、明らかにそのコンテンツページを閲覧したいために流入しているとも言えます。

「一度コンテンツページを見ておしまいにするのではなく、後日また閲覧したい」という意図や、「商品やサービスの申し込みページなら、即決できなくて何度も閲覧して検討しているユーザーが多い（今のページでは即決しにくい）」という仮説、説得力が薄いページであるという仮説も立てることができます。

ユーザーがしっかり納得ができるように修正する（不足の情報を補う、余計な情報は削る）のはもちろん、外部サイトからの流入と同様にリンクやボタンを設置してユーザビリティも向上させるとよいでしょう。

このようにアクセス解析ツールで得られるデータを確認・分析することで、コンテンツページとそれを閲覧しているユーザーについての仮説を立てることができます。

データによって裏付けされた仮説を立てることができれば、問題点の解消や現時点での強みをさらに生かすための具体的な改善案も練ることができます。こうすることで、コンテンツマーケティングの目標達成に近づくこともできるのです。

もちろん仮説が間違ってしまうこともありますが、アクセス解析から仮説を立てることはコンテンツマーケティングの勘所でもあり、繰り返すことで改善案の正確性も再現性も次第に上がっていきます。積極的に取り組んでいきましょう。

分析とリサーチ② 「Search Console」と「Google広告」

Googleアナリティクスのようなアクセス解析ツール以外にも、分析とリサーチに活用できるツールがあります。特に無料で使える「Search Console」と「Google広告」は、コンテンツマーケティングには欠かせない検索クエリ（キーワード）に関するデータを取得できます。ここでは、これらを使った、特に検索クエリの分析とリサーチの方法を解説します。

Search ConsoleとGoogle広告を導入する

　Search Console **01**、Google広告 **02** とも、Googleが無料で提供しているツールです（Google広告では、広告出稿を行う場合は別途広告費がかかります）。

　Search Consoleは、サイトの検索クエリの平均掲載順位を測定し、クロール用にサイトマップを登録することもできます。登録することで、検索エンジンにコンテンツページをインデックスすることもできます。また、Webサイトで何かしらの問題が検出されると、メッセージが届く（メールでも送信される）ので、速やかに対応も行えます。

　Google広告は、Googleの検索結果や、他のサイト内にバナー広告として表示するしくみのPPCオンライン広告ツールです。料金は、ユーザーが広告をクリックしてWebサイトにアクセスしたり、電話で問い合わせたりしたときのみ発生します。予算は自身で自由に設定できるため、広告掲載の目的に応じて費用を調整することもできます。

　また、Google広告には多くの機能が備わっており、その中の「キーワードプランナー」は、Google検索における検索キーワードのニーズとしてのボリューム（検索量）や、関連するキーワードについても調べることができます。

　SEO視点からも、多くの分析やリサーチに使えるデータの取得ができるので、ぜひこの2つのツールを使ってコンテンツマーケティングを促進させましょう。

PPCオンライン広告

PPCはPay Per Click（ペイ・パー・クリック）の略で、広告が実際にクリックされた回数分だけ費用が発生するしくみの広告です。PPC広告とも言われます。

Yahoo!が提供するPPCオンライン広告ツール「Yahoo!スポンサードサーチ」には「キーワードアドバイスツール」という機能があり、Google広告のキーワードプランナーと同じ機能を有しています。本書ではGoogle広告を例にして解説します。

01 Search Console

https://search.google.com/search-console/about?hl=ja

02 Google広告

https://ads.google.com/intl/ja_jp/home/

Search Consoleはメンテナンスツールでもある

　Search Console は、自身の Web サイトの検索パフォーマンスについてのデータを得ることができるだけでなく、Web サイトのメンテナンスに使える機能が数多く用意されています。

　コンテンツページの検索クエリについて調べるだけに使うのではなく、むしろ Web サイトやコンテンツページに起こっている問題を把握して改善するために積極的に使いましょう。

　Search Console をメンテナンスツールとして使うべき項目は **03** の3つです（ここでは既にアカウントを取得し、自身の Web サイトを登録している状態として説明します）。

03 Search Consoleでメンテナンスを行う項目

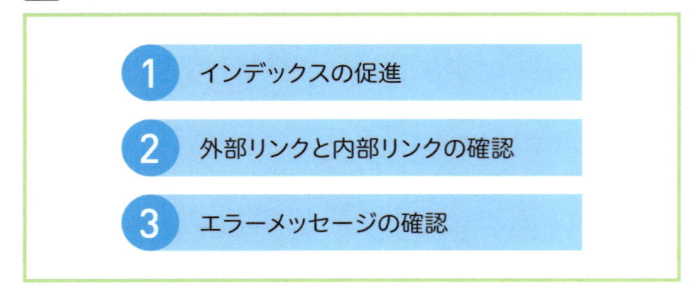

1　インデックスの促進

2　外部リンクと内部リンクの確認

3　エラーメッセージの確認

☐ ① インデックスの促進

　Google 検索のクローラーが Web サイトやページを巡回することで、インデックス登録が行われます。

　公開して間もない Web サイトや更新頻度が少ない場合はクロー

ラーが頻繁に巡回してくれないため、インデックス登録が滞ることも起こります。そんな場合はSearch Consoleにサイトマップを登録してクローラーにWebサイトの構造を知らせることでインデックス登録がスムーズに行われやすくなります。

また、更新したことを即座に知らせる機能（旧Fetch as google）もあります。インデックスの現状はメニューの［カバレッジ］で確認できます。

□ ② 外部リンクと内部リンクの確認

自身のWebサイトに張られている外部リンクと内部リンクを確認することができます。

外部リンクは他のWebサイトからのリンクです。どんなWebサイトからリンクされているか、どのように言及されているかを確認しましょう。

内部リンクは自身のWebサイト内でのリンクです。内部リンクは自身で調整可能なものでもあるので、一番誘導したいページにユーザーが集まるようにリンクが張られているかを確認しましょう。

ただし、内部リンクの数をただ増やせばよいというわけではありません。あくまでもユーザビリティの向上のために活用しましょう。

□ ③ エラーメッセージの確認

エラーメッセージも必ず確認しましょう。登録しているWebサイトで何かしらの問題が検出されると、メッセージが届きます（アカウントのメールアドレスにメールも送信されます）。大した問題でないと放置して、後で修正が想像以上に面倒にならないよう、できる限り修正対応を行いましょう。メニューの［セキュリティと手動による対策］で確認できます。

また、修正が終わったことを運営側（Google）に報告するのもお忘れなく。

■ インデックスの促進

Search Consoleの画面の左メニューで［URL精査］を選択し、上部に調べたいページのURLを入力します **04**。インデックスされていない場合は［インデックス登録をリクエスト］をクリックして、クロールのリクエストを行います。

04 インデックスの確認

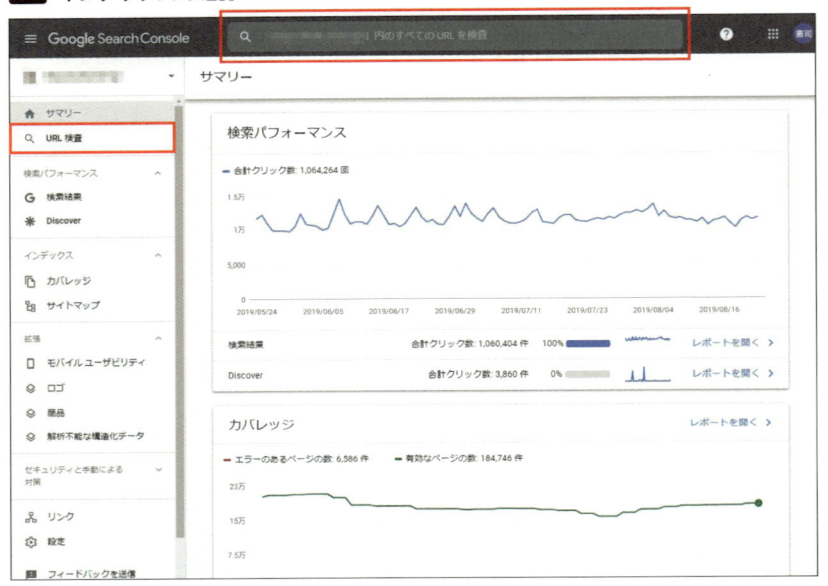

■ 外部リンクと内部リンクを確認する

　左メニューで［リンク］を選択すると、右に自身のWebサイト全体の（Googleからの）外部リンクと内部リンクが一覧で表示されます **05**。

05 Webサイトのリンク

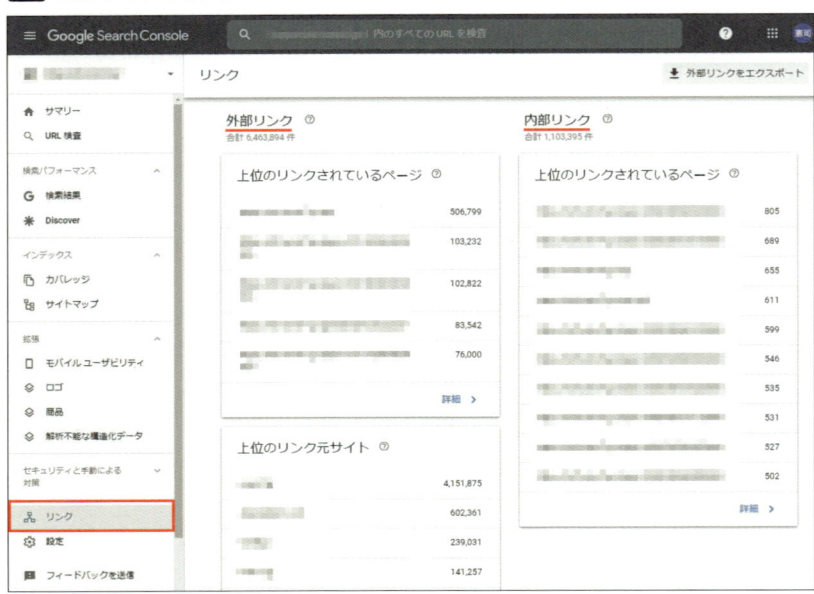

Search Consoleで検索クエリ（キーワード）をチェックする

検索クエリをチェック、分析する方法はGoogleアナリティクスでも説明しましたが、Search Consoleでも同様のことができるだけでなく、Googleアナリティクスよりも簡単にデータを取得できるというメリットがあります。

また、検索結果での合計表示回数、平均クリック率（平均CTR）、平均掲載順位なども簡単に調べることができます。検索クエリについてはSearch Consoleでチェックすることをおススメします。

■ Search Consoleで（Googleからの）検索クエリをチェックする

Search Consoleの画面の左メニューで［検索結果］を選択すると、右に自身のWebサイト全体の（Googleからの）検索クエリが一覧で表示されます **06** 。

さらに、コンテンツページごとの検索クエリはもちろん、合計表示回数、平均クリック率（平均CTR）、平均掲載順位も調べることができるので、コンテンツページが想定している検索クエリで流入しているかも確認しましょう。

06 Webサイト全体の検索クエリ

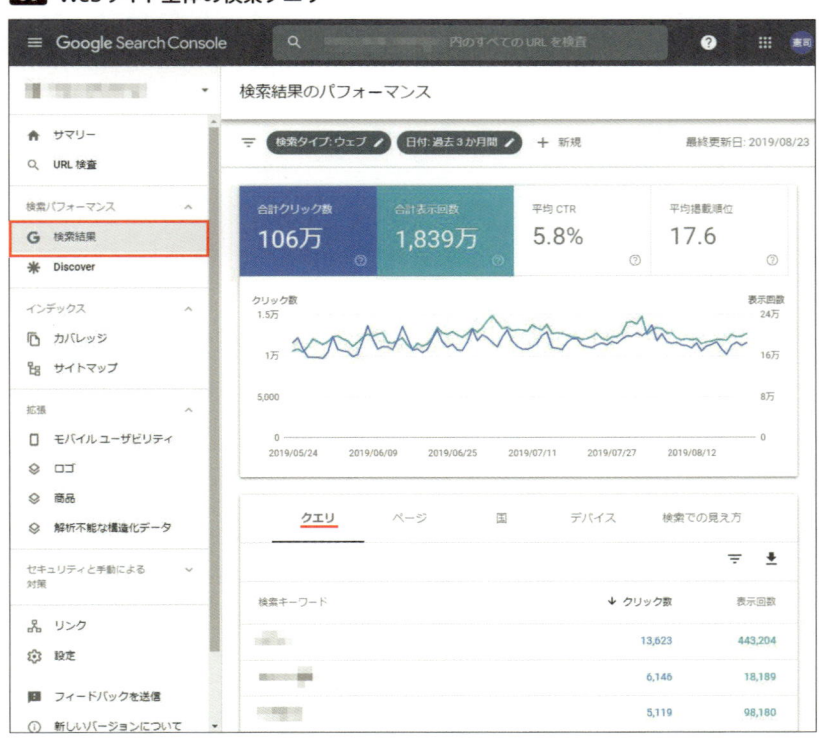

■ 記事ごとの検索クエリをチェック

　左メニューで[検索結果]を選択し、右上部の[+新規]をクリックすると、フィルターをかけることができます。"ページ..."を選び、調べたいページのURLを入力してください **07** 。

07 記事ごとの検索クエリ

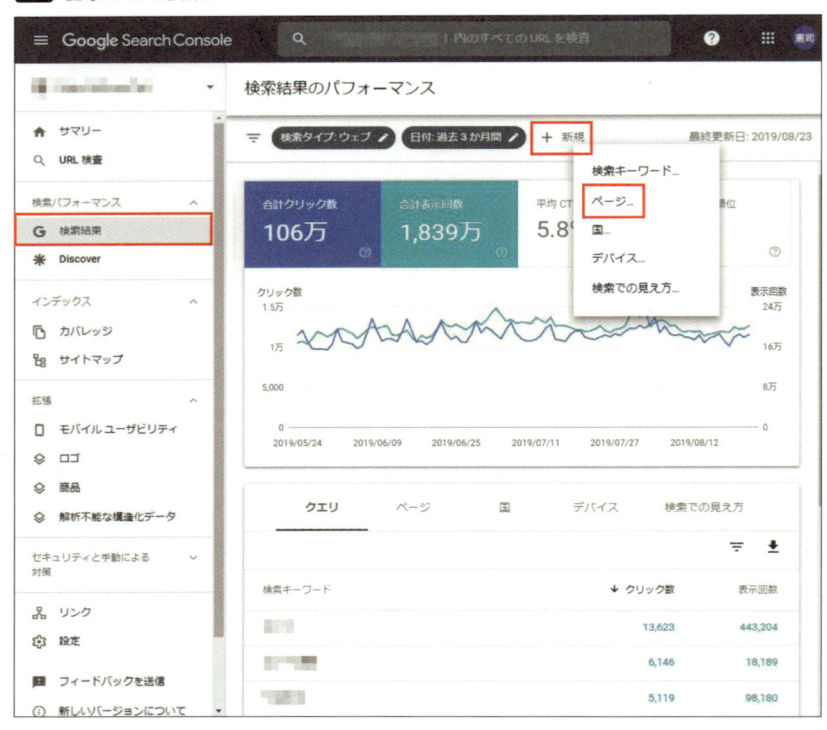

Google広告（キーワードプランナー）での検索クエリチェック

Google アナリティクスや Search Console は、自身の Web サイトに流入した（検索結果に表示された）検索クエリのみしか調べることができません。しかし、Google 広告の機能の1つ、「キーワードプランナー」を使えば、自身の Web サイトのみならず、世間における検索クエリのボリューム（検索量）や、その検索クエリに類似、関連するキーワードについても調べることができます。

「世間ではたくさん検索されているのに、自身の Web サイト、コンテンツページにはあまり流入していない」のか、それとも「世間ではあまり検索されていないが、そのほとんどが自身の Web サイト、コンテンツページに流入している」のか。そのようなこともキーワードプランナーで検索クエリをチェックすることで見えてきます。ここでは既にアカウントを取得している状態として説明します。

■ Google広告（キーワードプランナー）での検索クエリチェック

Google 広告の画面の上部メニューで、[ツールと設定] → [プランニング] → [キーワードプランナー] を選択し、[新しいキーワードを見つける] をクリックして、調べたい検索クエリを入力してください **08**。

08 キーワードプランナー

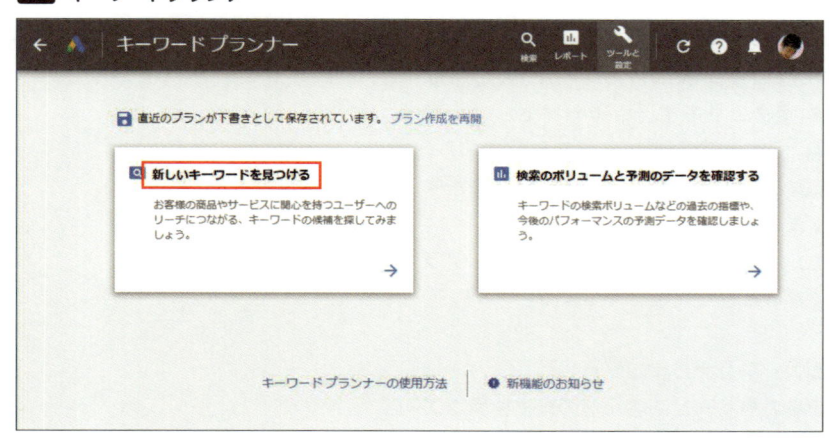

検索クエリの種類から仮説を立ててみる

Search ConsoleやGoogle広告（キーワードプランナー）で上記のデータをひと通り確認した次は、アクセス解析と同様に、検索エンジンから流入したユーザーについて分析します。

データから仮説を立て、そこから改善案を考え、実現可能かつ具体的な施策にまで改善策を落とし込む。仮説立てから改善まで、行うことはアクセス解析のときの仮説立てと変わりありません。

例えば、検索クエリの種類の違いでも、**09** のようなことが仮説立てることができます。

特に検索クエリの種類の違いは、SEOにおいても重要な考え方でもありますので、十分に理解してください。

09 検索クエリの種類

> **1** 情報関連クエリ（インフォメーショナルクエリ）
>
> **2** 指名検索クエリ（ナビゲーショナルクエリ）
>
> **3** 購入・申し込み関連クエリ（トランザクショナルクエリ）

□ ① 情報関連クエリ（インフォメーショナルクエリ）

情報関連クエリとは、例えば「頭痛 原因」「お味噌汁 作り方」など、調べもので使われる検索クエリです。「Webサイト、コンテンツページには方法や手順、ノウハウが求められる」、「ユーザーもそれを求めている」と仮説が立てられますので、それを満たすようにコンテンツを改善しましょう。

できればそれだけでなく、オリジナルな情報も提供する、プラスアルファな情報を提供できるとさらに良いでしょう。

□ ② 指名検索クエリ（ナビゲーショナルクエリ）

指名検索クエリとは、商品名やサービス名がそのまま検索クエリとして使われるものです。特定のWebサイトやコンテンツページのタイトルそのままを検索するクエリでもあります。

言葉通り「指名された検索」なので、「既に商品やサービスを知っている」、「Webサイトやコンテンツページなど知っている」ユーザーだと仮定できます。

ただし、商品名、サービス名だけの検索クエリだけだと、ユーザーの意図はその商品が欲しいのか、それともその商品のさらな

る詳しい情報が欲しいのかハッキリとした意図が読めないので、付随して検索されているキーワードも含めてユーザーの意図を考えましょう。例えば「価格」が付随しているなら、「ユーザーはその商品の価格を知りたい、安く買えるサイトはないかと考えている」。「機能」や「使い方」なら、「その商品でどういうことができるのかを知りたいと考えている」、などです。

□ ③ 購入・申し込み関連クエリ（トランザクショナルクエリ）

購入・申し込み関連クエリは、例えば「病院 内科 駅近く」「居酒屋 2時間 予約」など、ユーザーの検索意図を反映したクエリ、検索意図がハッキリしているクエリなので、ユーザーは理解、納得できればクエリの行動を起こすと仮定できます。改善施策は「クロージングしやすいよう該当のページに申し込みフォームボタンを設置する」、「電話番号を明記するなどユーザビリティを向上させる」などです。

また、検索クエリはその種類からユーザーの意図を読み解くだけでなく、他にも読み解ける、仮説の元となる情報を含んでいます。

例えば、キーワードプランナーは月ごとの平均検索ボリュームについてのデータを取得できますが、これを利用すると、とあるキーワードのボリュームが7、8月の夏場だけ突出して多い、もしくは11、12月の冬場だけ突出して多い、3、4月の新学期がはじまるときだけ多いなど、時系列で検索ボリュームを調べることができます。

このデータから、そのキーワードに関係するクエリは季節要因に大いに左右される、ユーザーの意図だけでなく世の中のトレンドを含めて仮説を立てることもできます。

このように、検索クエリは多角的に分析する要素となるだけでなく、前述のアクセス解析ツールから得たデータや仮説も含めて一緒に分析すれば、より正確な仮説を立てることができる、コンテンツマーケティングの目標達成に近づく改善策を組み立てていくこともできるのです。

section 05 集客の観点から考える SEO、SNS、そしてWeb広告

SEO、SNSは今やコンテンツの周知、集客の方法・手段としても活用され、現在はこの2つがコンテンツページへの主な流入元になるといっても過言ではありません。しかし、どちらも余程のことがない限りは結果が伴うまでには時間がかかってしまうのも事実です。ここでは、周知・集客の方法としてのSEOとSNSの運用、そしてWeb広告についても説明します。

周知、集客としてのSEO

今や検索エンジンで検索したことがない人はいないとも言えるくらいに、人は検索エンジンを使って調べものを行っています。

その検索エンジンからユーザーを呼び込むために検索結果に最適化する、自然（オーガニック）検索結果の上位にページのリンクが表示されるようにページを改善することを「SEO」（Search Engine Optimization）と呼びます。

SEOで自然検索結果の上位表示を狙う主な理由は、検索結果の上位に表示されるほど検索したユーザーの目に留まりやすく、かつ、ユーザーも検索結果の上位に表示されるページは自身が求めている答え（知りたい情報）が掲載されているページだと認識してタップ（クリック）し、流入する可能性も高くなるからです。あなた自身も、検索エンジンを使って検索したとき、検索結果の上位から順番にページを閲覧するかどうかを判断していませんか？

検索エンジンは、基本的には「検索クエリの意図を満たす有益な情報が掲載されているWebサイト、コンテンツページ」を検索上位に表示させます。つまり、「あなたのコンテンツページを見たい（欲している）ターゲットとなるユーザーが満足できる、気付きを与える、行動に移せるページ」が該当する検索クエリで検索されたときに、検索結果の上位に表示されるのです。これこそがSEOの基本的な考え方であり、検索上位に表示させる最大の秘訣です。

コンテンツマーケティングの目的は、あくまでコンテンツページに流入したユーザーが、そのコンテンツページに満足するのはもちろん、商品購入やサービスの申し込みに至ることです。

しかし、コンテンツとかけ離れた検索クエリで検索上位となっても、あなたのコンテンツページを欲している、ターゲットとなるユーザーではない人を集めることにもなってしまうのですから、目的も達せられることはないでしょう。

周知、集客の方法としてSEOを利用するとしても、コンテンツマーケティングの大前提でもある「ユーザーの意図を満たすコンテンツを用意する」ことは、外さないようにしましょう（SEOにおける基本的なコーディングや知識は後のページで解説します）。

上位表示されるのは「あなたのコンテンツページを見たい（欲している）ターゲットとなるユーザーが満足できる、気付きを与える、行動に移せるページ」であるからこそ、コンテンツページを検索上位に表示させることだけを目的にしてSEOを行ってしまうと失敗します。

周知、集客としてのSNS

検索エンジンと同様に、今やSNSのアカウントを1つも持っていない人はいないとも言えるぐらいに、SNS上では人々のコミュニケーションが行われています。

SNS（ソーシャル・ネットワーキング・サービス）はTwitter、Facebook、Instagram、LINEなど多くのメディアがあり、Webサイトやコンテンツページよりも、その情報を発信、拡散するアカウント（運用している人物のキャラクター）自体に興味を持たれやすいメディアです。

SNSは手軽に情報を発信、拡散しやすいしくみになっていて、ニュースページやSNSでの発言そのものが発信、拡散の対象となることが多く、オウンドメディアのコンテンツページも対象となることがあります。

SNSで話題になる（バズる）と瞬く間に拡散、周知されることで、元となったコンテンツページに一気にユーザーが流れ込むため、一見すると周知、集客に適しているメディアとも言えそうですが、それこそがメリットでもありデメリットでもあります。

今やSNSによる炎上のニュースも珍しくないように、良い方向で話題になればよいのですが、悪い方向で話題になると（むしろ悪い方向のほうがバズる傾向が強い）、引き寄せたくないユーザーも流れ込んできてしまいます。そんなユーザーはあなたのコンテンツページを欲している、ターゲットとなるユーザーではないので、コンテンツマーケティングの目的も達せられことはないでしょう。

周知、集客の方法としてSNSを利用するとしても、「ユーザーとコミュニケーションを取っているという意識」は無くさないようにしましょう（SNSにおける基本的な知識や運用方法はsection 07、08で解説します）。

SNSもバズることだけを目的にしてしまうと、目立つために言動が過激化したり、同じ話題をしつこいぐらいに連投して、逆にユーザーから煙たがられる、敬遠されることにもなってしまいます。ネット上で行われることなので気づきにくいかも知れませんが、「日常生活でも同じことを行うか？」と考えると、このような振る舞いは回避されるでしょう。

Web広告での集客

「SEO、SNSはすぐには結果が伴わない、むしろ日々の積み重ねでしかない」こととは逆に、広告はSEO、SNSと比べれば、結果は早く現れやすいと言えます。広告を出稿する媒体によって違いはありますが、基本的には「ユーザーが目にしやすい場所に表示されることで興味を引き出す方法」であるからです。

広告にはTVや新聞など既存のメディアに出稿する方法もあれば、Web上に掲載するWeb広告もあります **01**。代表的なWeb広告は **02** の5つです。

理想はSEO、SNSと並行してWeb広告の出稿も行うことですが、Web広告は他の広告媒体よりも安価なものが多いとは言え、必ずお金もかかります。

また、広告であっても出稿してそのまま放置するようでは、周知、集客もままなりません。すべては行えないのであれば、自身に合う周知、集客方法は何か、優先度をつけて着実に行っていきましょう。

01 Web広告の例

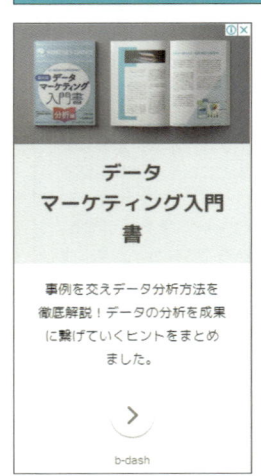

広告の種類	広告の特徴
バナー広告	・Web サイトなどのメディアの掲載枠にバナーを表示し、バナーのリンク先へ集客を行う広告 ・クリック数に応じて広告出稿費が決まる PPC（Pay Per Click）広告や、掲載期間内にバナーを表示する純広告などがある。潜在顧客に周知しやすい広告といえる ・予算規模、費用は掲載する Web サイトに依存する
リスティング広告	・Google や Yahoo! などの検索結果に表示される広告 ・検索を行ったキーワードに関係した広告が選定され、検索結果に表示される。広告の出稿期間やキーワード単位での出稿単価を広告主側で決めることができるため、予算管理を行いやすく、顕在顧客に周知しやすい広告といえる ・Google 広告（旧 Google AdWords）、Yahoo! スポンサードサーチは登録無料で、キーワード単位で出稿費が決まる
記事広告	・Web サイトにコンテンツ（記事）として掲載する記事型の広告 ・本来の記事と体裁が一緒のためユーザーに読まれやすいが、広告であることを明示しなければステルス・マーケティングと判断されてるので注意。広告といえどもユーザーは記事として閲覧、評価するため制作費用や手間がかかるが、告知だけでなくブランディング（イメージの向上）としても寄与する広告と言える ・予算規模、費用は掲載する Web サイトに依存する
メール広告	・ユーザーのメールアドレスにサービスや商品を紹介する情報を送信する広告 ・顧客となったユーザーに送るため、リピーターとしての集客を見込める方法だが、潜在顧客には届かないため、新規ユーザーを集めるには適しない ・予算規模、費用はすべて自社で賄うなら無料で、運営、配信など外注ならばその業者に依存する
アフィリエイトサービス（アフィリエイト広告）	・バナー広告やテキスト広告から商品の購入、サービスへの申し込みの成約数に応じて広告費を支払う広告 ・広告主が単価を決めることができ、成約数に応じて広告費が請求されるため、効率がよくリスクも低い。一般的には ASP（アフィリエイトサービスプロバイダ）と契約して、広告を掲載する Web サイト運営者を募集し、提携承認を行う ・予算規模、費用は ASP 登録で数十万円ほど。運営費は ASP との相談、契約によって決められ、成約数に応じて広告費も発生する

section 06 ｜ SEOの基本を押さえる

コンテンツ作成で一番意識しなければならないことは「ユーザーの意図を満たす有益な情報を掲載する」ことですが、検索エンジンは「検索クエリの意図を満たす有益な情報が掲載されているWebサイト、コンテンツページ」を高く評価します。つまり、SEOを適切に行えばユーザーだけでなく、検索エンジンの評価も上がるコンテンツに仕上げることができるのです。

基本となる「ページ単位のSEO」の項目

　コンテンツを作成、編集するときは、SEOも意識してコーディングを行えば、より良いコンテンツとなります。

　その理由は、的確なコーディングを行うことは体系立てられたコンテンツを作ることにもなり、ユーザーにとって読みやすい（閲覧しやすい）コンテンツになることはもちろん、検索エンジンにコンテンツの内容を正確に伝える助けにもなる（SEOを行うことにもなる）からです。

　最近では検索エンジンの評価基準も変わり、コンテンツページの内容そのものを評価することに重点を置いているので、少々コーディングが間違っていてもSEOでは大きな影響を与えることはありません。

　しかし影響が少ないからと手を抜いて作ったコンテンツが、ユーザーにとって読みやすい（閲覧しやすい）コンテンツになることはありません。「SEOのため」ではなく、ユーザーのためにもできる限りコーディングは正確に行いましょう。

　コンテンツページで意識するべき項目＝「基本となるSEOタグ」は **01** の通りです。

301リダイレクト

何かの理由で特定のページから別のページへ転送させることを301リダイレクトと言います。例えば、サイトの移転などでドメイン自体が変更になるなど、URLが恒久的に変更になる場合は、基本的にはこの対応となります。

タグ	コード	役割	効果・説明
title タグ	`<title></title>`	タイトル（題名）	・サイト名や Web ページのタイトル（題名）
description 属性	head 要素の meta の中に記述 `<meta name="description" content="〜" />`	ページの説明、概要文	・ページの説明、概要を伝えるための文章 ・検索評価はされない要素であるが、検索結果にタイトルと一緒に表示される

h タグ	`<h1></h1>`
	`<h2></h2>`
	…
	`<h6></h6>`
		文章の見出し	・文章の内容を端的に表した章題
			・数が少ないものから上位となり、階層構造で記述する

alt 属性	img 要素の中に記述 `<img alt=" 画像の説明文 " />`	画像の説明文	・画像など非テキストの内容を文字で伝える ・画像が表示されない場合の代替テキストにもなる
strong タグ	`<strong></strong>`	テキストを強調する	・重要項目であることを示す ・似たタグに `<b></b>` があるが、これは文字を太字表示するものである
blockquote タグ	`<blockquote></blockquote>`	引用・転載を示す	・外部のコンテンツから引用・転載を行う際に使う ・改行を必要としない程度の引用なら `<q></q>` を使う
canonical 属性	head 要素の link の中に記述 `<link rel="canonical" href="https://〜" />`	URL の正規化	・内容が重複するページを正規化する ・基準となる URL を指定す ・301 リダイレクトと同じ効果

titleタグ

　title タグは SEO だけでなく、Web サイトやコンテンツページとしても最重要のタグであり、要素であるといっても過言ではありません。

　タイトルはそのページの名前そのものであり、また、その名前は検索エンジンの検索結果にページの URL、description と一緒に表示されます。検索ユーザーは検索結果に表示されたタイトルと description を見て、「自分が求めている情報がこのページにあるだろうか？」と、中身を想像し、クリック（or タップ）して流入します。

　よって、タイトルは検索クエリの意図を満たしたもの、ユーザーが一目でそれだと分かるタイトルが望ましいのです。

06

コンテンツマーケティングの周知と集客

SEOの基本を押さえる

また、タイトルは検索評価の要素としても重視されているため、タイトルと中身であるコンテンツの内容に乖離があると検索評価も落ちてしまいます。

なるべく端的かつ、正確にコンテンツの内容を示したタイトルをつけるように心がけてください。

検索クエリを使うことにこだわりすぎて、おかしなタイトルをつけてしまうのは本末転倒なので、気をつけましょう。

description属性

description属性は、そのページの説明、概要を伝えるための文章です。タイトルは検索評価の要素として使われていますが、descriptionは検索評価の要素としては使われていません。

つまり、descriptionに何を書いても（何も書かなくても）検索評価には影響が無く、検索順位には反映されませんが、上記でも説明したように「descriptionは、タイトルと一緒に検索エンジンの検索結果に表示される」ため、検索流入数に大きな影響を与えます。

その理由は、ほぼすべての検索ユーザーはタイトルだけでなくdescriptionも見て、「自分が求めている情報がこのページにあるだろうか？」と、中身を想像し、クリックするからです。

例えば、タイトルとdescriptionが適切に書かれているものと **02**、タイトルだけでdescriptionが書かれていないもの、descriptionは書かれているがタイトルと内容が乖離しているもの、この3つだと一番最初のものをクリックすることは明らかでしょう。

また、descriptionは検索エンジンが自動的にコンテンツの文頭や、意図に沿ったコンテンツ内のテキストを抜粋して表示することもありますが、残念ながら検索エンジンが自動でdescriptionを設定した場合、おかしな文章をピックアップすることも多々あります。

descriptonは検索ユーザーにページを開く前に内容を端的に伝えることが出来る可能性が高まり、実際に検索流入数を増やすきっかけにもなるため、極力、自身でしっかりと設定する（テキスト入力する）ことをおススメします。

02 検索エンジン（Google）の検索結果（タイトルとdescriptionの表示）

descriptionが適切に表示されている例

hタグ

　hタグは見出しであり、文章内容の要点を端的にまとめ、章や節の最初に置かれる言葉です。Webページのコーディングでは「h1、h2、h3…」と、階層構造で記述して使います。

　また、hタグはコンテンツページにおいては、ユーザーがコンテンツを読みやすくするだけのもではありません。

　検索エンジンは、hタグの記述もコンテンツの内容を判断するための要素としてとして使っていて、特にh1タグはタイトル同様にコンテンツページの内容を表すものとして評価されます。よってhタグは、文節の見出しとして適切な言葉にしておきましょう。

　タイトルと同様に、見出しと中身である文節の内容に乖離があると、検索評価も落ちてしまいます。なるべく端的かつ、正確に文節の内容を示した見出しをつけるように心がけてください。

検索クエリを使うことにこだわりすぎておかしな見出しをつけたり、見出しを多用して逆に読みにくいコンテンツにしてしまうのは本末転倒なので気を付けましょう。

alt属性

alt属性は、imgタグなどで画像を表示する際に、その画像をテキストで説明したものであり、何らかの不具合によって画像が表示されない場合や、通信速度が遅くて画像が読み込めない場合に、代替としてalt属性に設定したテキストが表示されます。

検索エンジン（Google）はいまだに画像の内容を正確に認識して評価できないため、画像の内容、意味をalt属性で説明することによって、検索エンジンが画像を正しく認識することを促す効果があり **03**、これはSEOとしても効果が見込まれます。

ただし、SEOの効果が見込めるからといって、すべての画像にalt属性を設定すればよいというものではありません。

例えば、サイトのデザインや視覚効果のために使っている空白画像やラインマーカーなどはコンテンツとしては意味をなさないものですが、そこに"空白"や"ラインマーカー"というalt属性を設定してしまうと、逆に検索エンジンはコンテンツを正しく認識をできなくなってしまいます。

また、alt属性のテキストは、画像を見ることができない視覚障害の方が文章読み上げソフトを使った場合に読み上げられます。その際にalt属性が空白であるものと、画像の内容、意味が適切に説明されているものとではどちらが親切かと考えれば、やはり圧倒的に後者であることが分かります。

このようにalt属性を設定することは、検索エンジンの認識（SEO）だけでなく、ユーザビリティ、アクセシビリティの向上にも効果があります。タイトルや見出しと同様に、なるべく端的かつ、正確に画像の内容を示したテキストをつけるように心がけてください。

デザインや視覚効果のために使っている画像にalt属性を設定することは、コンテンツ内容とは関係ない、無くてもよい情報を余計に付け足していることでもあります。

03 alt属性のイメージ

タグの表記例 `<img src="〇〇〇.jpg" alt=" チューリップの画像 ">`

検索エンジン（主にGoogle）はタグから
チューリップの画像が表示されていると認識する

strongタグ

　strongタグは、テキストに適用すると該当部分が太字で表示され（強調され）ます。これは、該当文字が重要であることをユーザーだけでなく、検索エンジンにも示すことができるタグです。

　現在はほぼSEOの効果は無いとされていますが、ユーザーにコンテンツの内容を視覚的に分かりやすく伝えるための工夫であることに変わりありません。

　しかし、過度にstrongタグを使う（同一キーワードをすべてstrongタグで括る）ことはもちろん、タイトルや見出し（hタグ）にstrongタグを使うことは避けましょう。過度に使うと重要ポイントの意味が薄れるのはもちろん、タイトルや見出しは既に重要なテキストの意味合いがありますから重ねる必要はありません。適度に使用することで、ユーザーと検索エンジンに重要ポイントであることを伝えましょう。

strongタグの過度な多用は、むしろ検索評価を下げる、ペナルティの対象となる行為と判定される可能性が高くなります。

blackquoteタグ

　blockquoteタグは、外部のコンテンツページや書籍、文献から引用、転載を行う際に引用したことを明示にするために使用するタグです **04**。

　例えば自社サイト（オウンドメディア）ではなく、他の誰かが発信した情報、外部のコンテンツページに記載があり、その情報を元にしてコンテンツを作った（自身のオリジナルな情報を加えた）場合、「元となった情報はこれです」とblockquoteタグを使うことでユーザーに引用していることを知らせることができると共に、情報の出所をしっかり区別していることを検索エンジンに知らせることもできます。

　blockquoteタグを使わずに外部のコンテンツページから引用、転載した場合、外部コンテンツから情報を盗用する意図があろうと無かろうと、コピーコンテンツだと検索エンジンに判定され、コンテンツの検索評価も落とされる（ペナルティを受ける）可能性が多分にあります。

　残念ながらblockquoteタグを使ったからと言ってSEOの効果はあまり望めませんが（評価の割合はかなり少ないですが）、引用を明示することは少なくともユーザーに情報の出所を区別させ、内容の理解を促す助けとなることは確実です。blockquoteタグを適切に使用して、引用が明示されて読みやすい、理解しやすいコンテンツページにすることが肝要なのです。

複数の外部サイトの文章を引用してつなぎ合わせ、blockquoteタグで括って引用の形だけを取っても、切り貼りしただけの粗悪なコンテンツとみなされて検索評価が落ちる可能性は多分にあります。

引用とは?

`<blockquote>` インターネットの掲示板やパソコン通信のフォーラム、電子メールなどで、他の文章を引くこと。`</blockquote>`

引用元：`<cite>` 引用（「いんよう」とは － コトバンク `</cite>`

タグの表記例 `<blockquote>` 引用した文章 `</blockquote>`

※ 引用部分は基本、上下1行分のスペースが挿入され、左右も隙間を空けて表示されます（CSSで変更が可能です）。

※ さらにciteタグで引用元のページタイトルを括る（できればリンクも張る）と、引用部分だけでなく、引用元のページを明示することにもなります。

canonical属性

　canonical属性は、内容が重複するページを正規化する（1つのページにまとめる）ことを、検索エンジンに伝える（インデックスさせる）ためのタグで、301リダイレクトと同じ効果があります。

　Webサイトの構成の変更によってコンテンツページのURLも変更した場合、元のコンテンツページの検索評価を引き継がせるためにも使用します。

　また、同じ内容のページが複数存在する場合、canonical属性で一本化していなければ重複コンテンツ（コピーコンテンツ）を生み出していると検索エンジンに判断されて検索評価を落としてしまうことにもなりえるため、これを防ぐためにも使います。

　例えば、PC版（パソコン版）のコンテンツページとSP版（スマートフォン版）のコンテンツページでURLが違っている場合、ほぼ同じ内容のページが複数存在することになりますが、canonical属性で正規化したURLのみを検索エンジンにインデックスさせることで、重複コンテンツと判断されるのを防ぐことができます **05** 。

　canonical属性はコンテンツの内容を改善するものではありま

canonical属性は、Webサイトの移転などでドメイン自体が変更になる場合にも使えます。

せんし、こういう対応をしないで済むようにWebサイトを制作、運営することが望ましいですが、重複ページの対応を行わずに検索エンジンの評価を下げてしまうのは避けるべく、理解した上で漏れなく設定を行ってください。

05 **Canonical属性のイメージ（PC版とSP版で重複する場合）**

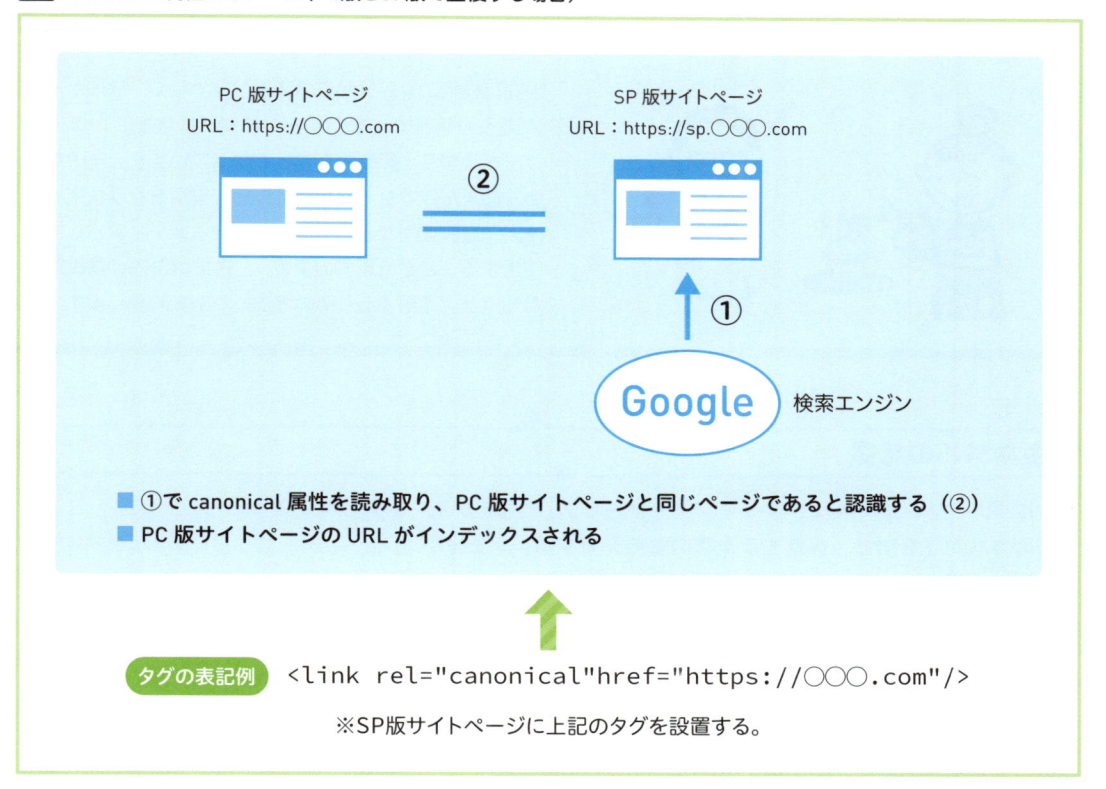

> CHAPTER 2 section 02にて独自ドメインに触れたように、ドメインの移転によってcanonical属性の設定を怠ったことでSEOで不利になった（検索評価が落ちてしまった）こともよく起こる、デメリットのひとつであると言えるでしょう。

section 07

SNS運用のための基礎知識

現在は検索エンジンからの流入だけでなく、SNSからの流入も無視できないくらいにSNSには多くのユーザーが集まり、影響力も大きくなっています。そのため、個人だけでなくSNS上で周知、集客を行う企業や法人、政府機関なども情報発信を行うメディアとして使用することが増えています。ここではSNSの基礎的な知識と、運用するための方法について解説します。

主なSNSの特徴

SNS（ソーシャル・ネットワーキング・サービス）とは、人と人とのつながりを維持、促進するための機能を有する「コミュニティ型の会員制オンラインサービス」（あるいはそういったサービスを提供するWebツール）です。

メッセージの交換、ただ言葉だけのやりとりに限らず、自身のプロフィールを公開する機能や、写真、動画、音声などを投稿する機能、グループを作って参加者だけでメッセージ交換する機能など、さまざまな機能があります。

Webサイトやコンテンツ制作に携わる人はもちろん、一般の方でもSNSのアカウントを1つも持っていない人はいないと言えるぐらいに、現在はインフラとしても普及し、日々、ユーザー同士で盛んにコミュニケーションが行われています。

全世界で多くのSNSが存在しますが、Twitter **01**、Facebook **02**、Instagram **03**、LINE **04** の、主にこの4つのSNSが日本では多く使われています。あなたもこの4つのうちのどれかを使っている、もしくはすべてを使っているのではないでしょうか？

SNSの傾向、特性は **05** の通りです（数値は2019年8月現在）。

`01` **Twitter**

`02` **Facebook**

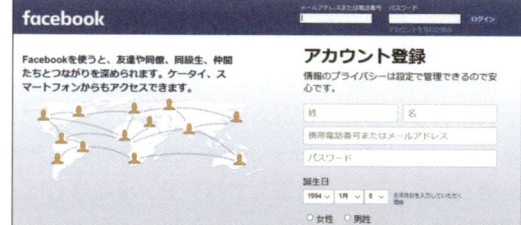

`03` **Instagram**

`04` **LINE**

`05` **4つのSNSそれぞれの特徴**

Twitter

日本のアクティブユーザーは約4,500万人。若年層からシニア層まで幅広く使われています。リツイートで他のユーザーの投稿を自身のフォロワーに簡単に紹介（拡散）できるというメリットがあります。その拡散力から、バズることが一番多いSNSでもあります。「フォロワーキャンペーン」、「リツイートキャンペーン」などで安価にフォロワーを獲得できる傾向にもあります。投稿内容は、商品やサービスの紹介、ユーザーの声、クーポンの配布などが適しています。

Facebook

日本のアクティブユーザーは約2,800万人。30代、40代がコアユーザー層で、ビジネス傾向が強いユーザーが多いのも特徴です。グループとしてのコミュニティを形成しやすい（機能が備わっている）SNSでもあります。投稿内容は、商品やサービスの紹介、関連情報の紹介、読み物としてのコラム、動画配信などが適しています。

Instagram

日本のアクティブユーザーは約2,000万人。他のSNSと違ってユーザー割合は女性が7割近くを占めています。20代、30代がコアユーザー層です。写真、もしくは動画の投稿が必須のため、運用するには時間と労力のコストがかかりますが、ユーザーの反応（エンゲージメント）も高いSNSでもあります。また、投稿にはハッシュタグが盛んに使われる特徴もあり、これを利用してキャンペーンを企画、実施するのもよいでしょう。投稿内容は、商品やサービスの紹介写真や動画、ユーザー写真のリグラム（再投稿）が適しています。

LINE

日本のアクティブユーザーは約7,300万人。全年齢層をカバーしている（全年齢層で使われている）SNSです。しかし、仲の良いユーザー同士のチャットツールとして使われる傾向が強く、他のSNSとは違って不特定多数に情報を周知するにはあまり適さないSNSだとも言えます。クローズドなやりとりが主であるからこそユーザーの生活に密着しやすく、即時性が高い（既読通知があることでユーザーの反応も早い）のも特徴です。まずは情報を受け取ってもらうためにユーザーにフォローをしてもらわなければなりませんが、投稿内容は、一部のユーザーに向けたクーポンの配布、セール、キャンペーン情報の投稿が適しています。

ユーザーがシェアする動機を知る

　コンテンツマーケティングにおいて、SNSからの流入を狙う、つまり"SNSでシェアされるコンテンツ"を作るには、内容が充実したコンテンツ、質の高いコンテンツに仕上げるだけでは少々足りません。そのコンテンツをSNS上でシェアするユーザーの動機を知り、それも踏まえてコンテンツを作れば、シェアされる可能性がぐっと高まります。

　SNSでユーザーがシェアを行う主な動機には **06** のようなものがあります。

06 **ユーザーがシェアする主な4つの動機**

1　自己表現

シェアするコンテンツへの共感、または反対の意見を通して自己表現を行うためのシェアです。例えば残業に苦しんでいる、拘束時間が長い会社員が低賃金や労働環境が悪い企業の批判記事をシェアしたり、政治関連の話題にて、異なる立場、主義主張の記事を批判したりするのは、これが動機となって行われるシェアだと言えます。

2　見栄

SNSで繋がった知人や友人からの印象や評価を高めるためのシェアです。例えば英語の学習記事は、それをシェアすることで「勉強熱心な人」という印象・評価が得られ、社会問題に関係する記事ならば「社会問題について真剣に考えている人」という印象・評価が得られるであろうという期待が根底にあります。誰しもが「見栄を張りたい」。

3　ブックマーク

後でそのコンテンツページを読み返すためのブックマーク代わりのシェアです。長文のコンテンツや、まとめ記事がシェアされやすい理由は、この性質のためだと言えます。

4　シェアによる利益

企業や法人などキャンペーンに伴うシェアです。「このツイートをRTして、キャンペーンに応募しよう！」という投稿を誰しもが目にしたことがあるでしょう。シェアすることでユーザーはキャンペーンへの応募が動機となり、企業や法人は応募の権利をユーザーに与えると共に、不特定多数へ宣伝も兼ねるしくみでもあります。

SNSを運用する上での落とし穴

SNSの運用を続けていると、投稿する度にフォロワーであるユーザーのリアクションが起こることが楽しくなり、当初の目的からズレてフォロワーの数を増やすことが目的にすり替わってしまうことも往々にして起こります。

また、前述のシェアする動機のひとつでもある「見栄」をあまりに気にしすぎて、SNS上での発言はもちろん、自身のSNSプロフィールを「過剰に盛ってしまう」「権威があるように見せかける」アカウントが現れるのも特徴のひとつです。企業や法人、個人に限らず虚偽のプロフィールで注目を浴びる、ユーザーを集めることは評判や信用をいずれ失墜させるのはもちろん、それで増えた数では、コンテンツマーケティングの目的は達成できないのは言わずもがなです。

その数を増やすことだけに気を取られないよう、手段を目的にしないよう充分に注意をしてSNSを運用してください。

多くの人に注目してもらうためにバズることにこだわり過ぎて、自身のコンテンツのテーマや軸とは関係のない話題で不用意かつ不適切な投稿を行い、いわゆる「炎上」を起こしてしまうこともあります。

周知・集客を助けるOGP設定

OGPとは「Open Graph Protocol」の略称であり、TwitterやFacebookなどSNSでコンテンツページへのリンクを張って投稿した際に、投稿に差し込まれるサムネイル画像や概要文などを設定した通りに表示させる仕組みのことを言います **07** ／ **08**。

OGP設定を行う理由は、SNSではタイトルとURLだけの文字が表示されている投稿よりも、概要文やサムネイル画像が一緒に表示されている投稿のほうが流入する数も圧倒的に増え、その投稿を観たユーザーが、他の人にも知らせたいと考えてシェア、拡散を行う可能性が高まるという好循環を生み出すからです。

さらに言えば、概要文やサムネイル画像が一緒に表示されている投稿は目に留まりやすいですが、逆にタイトルとURLの簡素なテキスト情報だけではSNSのタイムライン上では目立つことなく、気が付かずに流されてしまう（機会損失となってしまう）可能性が高くなります。

OGP設定は少々面倒かつ難しいのですが、SNSからの周知・集客を増やすには、取り入れて然るべき施策です。

次にOGPの設定コードを掲載しますので、ぜひ、自身のWebサイト、コンテンツページに導入してください。

Twitterカード

OGPは、Twitterでは「Twitterカード（Twitter Card）」と呼ばれています。

07 Facebookでの表示例

MdN Design Interactive
8月16日 10:54 · 🌐

【UIUXコラム】テレビリモコンってこのままでいいの？ ゲームUIで考える、進化を促進するデザインとは。
どんな機能も受け入れられる汎用性の高いリモコンってどんなものだろう？ 映像メディアの進化とともに変わっていくリモコンの役割、そして誰もが使いやすい「リモコンのデザイン」について、ゲーム開発者の視点で考えてみました。
https://www.mdn.co.jp/di/contents/4493/61218/

MDN.CO.JP

テレビリモコンってこのままでいいの？ ゲームUIで考える、進化を促進するデザインとは - MdN Design Interactive

08 Twitterでの表示例

敷田憲司
@kshikida

私も執筆に携わった「販促・PR・プロモーション ネット戦略のやさしい教科書」が明日、2019年4月2日に出版、発売されます（本日はエイプリルフールだけど嘘じゃありません！（笑））。
6つの王道手法についての具体例はもちろん、知識やノウハウを纏めたやさしい教科書です。

【告知】「販促・PR・プロモーション ネット戦略のやさしい教科書。小さな予...
「販促・PR・プロモーション ネット戦略のやさしい教科書」は、「これ、ネットで盛り上げられない？」そんなことを考えたときにやれることを纏め、よく...
🔗 s-supporter.hatenablog.jp

午後0:39 · 2019年4月1日 · Twitter Web Client

■ OGPの基本設定

OGPの基本設定について、まずは以下のコードをhead要素としてWebサイトに設置しましょう。

```
<head prefix="og: http://ogp.me/ns# fb: http://ogp.
me/ns/fb# article: http://ogp.me/ns/article#">
```

これは、FacebookのOGP設定を使用すると宣言するものです。

次に、下記の基本かつ必須のプロパティも設置します。

```
<meta property="og:title" content=" ページの タイトル"
/>
```

```
<meta property="og:type" content=" ページの種類" />
```

```
<meta property="og:url" content=" ページの URL" />
```

```
<meta property="og:image" content=" サムネイル画像の
URL" />
```

```
<meta property="og:description" content=" ページのディ
スクリプション(説明文) " />
```

これで、FacebookやTwitterでは上記で設定した通りに表示されるようになります。「ページの タイトル」、「ページの種類」は、あなたのWebサイトに合うように適宜変更してください。

さらに詳しい設定方法が公式リファレンス **09** に記載されています。英語ですが、さらに追及したい場合はこちらも参考にしてください。

08 公式リファレンス「The Open Graph protocol」

The Open Graph protocol

Introduction

The Open Graph protocol enables any web page to become a rich object in a social graph. For instance, this is used on Facebook to allow any web page to have the same functionality as any other object on Facebook.

While many different technologies and schemas exist and could be combined together, there isn't a single technology which provides enough information to richly represent any web page within the social graph. The Open Graph protocol builds on these existing technologies and gives developers one thing to implement. Developer simplicity is a key goal of the Open Graph protocol which has informed many of the technical design decisions.

Basic Metadata

https://developers.facebook.com/docs/reference/opengraph/

■ FacebookやTwitter独自の設定

　上記の基本設定以外に、FacebookやTwitter独自の設定も必要になります。こちらも忘れないように設定しておきましょう。

□ Facebook独自の設定

　FacebookにOGPを表示させるためには、以下の設定も必要になります。

```
<meta property="fb:admins" content="Facebookの
adminID" />
```

ここにあるFacebookのadminIDとは、Facebookの個人アカウントのID番号です。自身のIDを確認する方法は次の通りです。

① 自身のFacebookアカウントにログインし、プロフィール写真をクリックします。
② 画面のURLで「&type=1&theater」となっている箇所を探します。
③ 「&type」の前に記載されている数字がadminIDとなります。

　また、adminIDでなくapp-IDというIDを取得して設定する方法もあります。その場合はapp-IDを取得して次のタグを設定してください。

```
<meta property="fb:app_id" content="Facebookのapp-
ID" />
```

　app-IDを取得するには、次のように行います。

① Facebook開発者アプリのページから新規アプリケーションを作成します。
　URL：https://developers.facebook.com/apps/
② 完成すると、アプリの情報欄に「アプリID」という数字が表示されます。これがapp-IDになります。

□ Twitter独自の設定

Twitterでの表示設定にも、次のような独自の設定が必要になります。

```
<meta name="twitter:card" content=" Twitterカードの種
類" />
```

```
<meta name="twitter:site" content="@Twitterアカウント"
/>
```

「Twitterカードの種類」は次の通りです。

- Summary Card：一般的な表示形式。`content="summary"`と指定してください。
- Large Image Summary Card：イメージ画像がSummaryカードよりも目立つ形式。`content="summarylargeimage"`と指定してください。
- Photo Card：画像が大きく表示される形式。`content="photo"`と指定してください。
- Gallery Card：複数の写真を表示する形式。`content="gallery"`と指定してください。
- App Card：アプリケーションを紹介、表示したい時に使う形式。`content="app"`と指定してください。

10 のページでは、Twitterカードが正しく設定されているか（どういう表示となるか）を確認することができます。

SNSの運用は時間や労力のコストもかかりますが、工夫次第で周知、集客を充分に実現させることができます。以上の設定を含め、SNSからの流入を増やし、あなたのコンテンツをより多くの方に知ってもらいましょう。

10 Twitterカードの確認「Card Validator _ Twitter Developers」

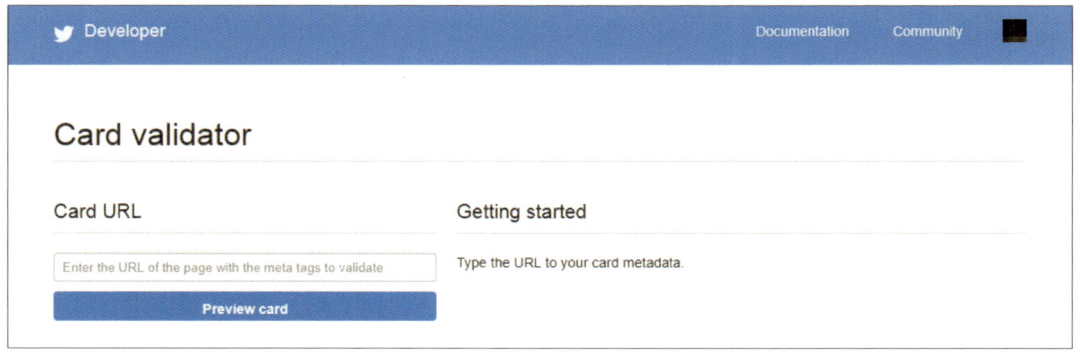

https://cards-dev.twitter.com/validator

section 08 ツール以外の分析による改善① コメントやクチコミ

分析ツールは、事象を数値として可視化させるので便利ではありますが、分析はGoogleアナリティクスやSearch Consoleなどのツールを使わなければできないことではありません。時としては、そんな数値による仮説や検証よりも目を向けなければならないことがあり、受け止めることで改善につながることがあります。ここではツール以外の分析による改善について解説します。

直接届けられるコメントや意見

最近は少なくなりましたが、コンテンツページにユーザーがコメント（意見）を投稿できるようにしているWebサイト（オウンドメディア）は、ユーザーがコメントを投稿し、そのコメントを通してWebサイトの運営側はもちろん、他のユーザーとのコミュニケーションを行うツールとしても使われていると言えます。

コメント欄でのやりとりが活発なコンテンツページは、それだけ多くのユーザーが閲覧していることになります。中にはコンテンツページの内容よりもコメントのやりとりが楽しくて閲覧しているユーザーもいるでしょう。

ただし、コメント欄のやりとりが活発なことで閲覧数（PV）が多いことをただ喜ぶことは早計です。運営側としては、自身に向けられたコメントはすべて目を通すことを心がけて、Webサイトを運営してください。

なぜならば、コンテンツページにコメントを書いたユーザーの意図は、「自身のコメントをWebサイトの運営側に届ける、知らせるため」だからです。

コメントの中にはお礼や感謝、挨拶だけのコメントや、まったく的外れで意味不明なコメントもたまにありますが、ここで重要なポイントは、コメントすべてに目を通して、かつ、その内容について返信を含めて対応して然るべきかどうかを判断するということです。

ユーザーから運営側へ直接届けられるコメントの多くは、その

コンテンツページの内容やWebサイト全体、そして商品やサービスへの意見でもあります。

すべての要望を適えることは非現実的であり不可能でもありますが、拾い上げるべきコメントは無視をしない、できれば返信し、対応も即時実行することができればユーザーは自身の意図を汲み取ってくれたことを理解、納得すると共に、そのWebサイト（商品やサービス）への信用、信頼も増すことになります。これはただコンテンツを改善するという効果だけに留まりません。永続的なファン、リピーターとなるユーザーを獲得することにもつながり、正にコンテンツマーケティングの目的を果たすための方法でもあるのです。

また、「意見」はコンテンツページのコメントだけでなく、お問合せフォームから投稿されることもあるでしょう。これもすべてに目を通して、かつ、その内容について返信を含めて対応して然るべきかどうかを判断してください。

泥臭いと思われるかも知れませんが、ネット上でのコンテンツマーケティングであってもマーケティング手法の一種であり、営業としての役割も多分に含んでいるものなのです。

コンテンツマーケティングはコンテンツを作って周知するだけだと思わずに、いろいろな方法でユーザーにアプローチし、コンテンツマーケティングの目的を適えていきましょう。

直接運営側に意見を伝えたいときなどはお問い合せフォームから意見が送信されます。お問合せフォームから投稿される意見は他のユーザーには見せる必要が無いものです。ユーザーによっては電話をかけてくることもあるかも知れません。

もちろん、そんなことはやってられない、作業量も増えるのでコメント欄はつけないというのもひとつの方法、戦略です。自身に合う方法を選択してください。

クチコミを探す、エゴサーチする

このようにコメントが直接届けられれば、それを受けて対応策、改善策を考えることもできるのですが、最近では直接届けられるのではなく、ユーザーがSNS上で独り言のように語る、言及することが多くなりました。

運営しているSNSアカウントにリプライされる形であれば、コメントされたこと・内容を知ることができますが、そのほとんどはリプライではない独り言なので、運営側が探さない限りは知ることができないのです。

このようなクチコミを探し、それを元にしてコンテンツページの内容やWebサイト全体、そして商品やサービスの改善へとつなげましょう。

自身への意見を探す（検索する）ことは、エゴサーチとも呼ばれています。エゴサーチの主な方法、対象は次の通りです。

なぜSNS上で言及されるのか。その理由はそもそもコンテンツページにコメント欄が無いことが考えられますし、P.122の「ユーザーがシェアする動機を知る」の様なことも考えられます。

□ 言及している外部サイトを探す

リンクを張って言及、引用されていればSearch ConsoleのWebサイトのリンク、外部リンクから調べることもできます（た

だし、すべての外部リンクがSearch Consoleに表示されている
わけではありません）。しかし、リンクを付けずに言及、引用さ
れているものを見つけることは難しく、また、検索エンジンに
コンテンツページのURLを入力して探すこともできますが、す
べてをチェックするとなると時間も工数もかかります。「最新10
ページまで」など制限をつけてチェックを行いましょう。

　また、コンテンツページのタイトルをそのまま検索してみるこ
とで言及、引用されているページを探す方法もありますが、これ
もURL同様に言及、引用しているコンテンツページが記載して
いない限りは見つけることができません。すべての文章、キー
ワードで探すとなると時間も工数もかかるので「どのキーワード
で探すのか」をあらかじめ決めておきましょう。例えば、「ページ
のURL」と「タイトル」で探す程度がよいでしょう **01**。

☐ SNS上でコメントを探す

　同じように、SNS上でのコメントを探してみます **02** 〜 **04**。
自身のアカウントへのリプライであれば通知されますが、そうで
ない場合はSNS上で検索することで探すことができます。

　SNSにログインし、コンテンツページのURLを検索すると、
言及されたコメントが表示されます。同様に、コンテンツページ
のタイトルをそのまま検索すると、それに似た言葉が使われてい
るSNSのコメントが表示されます。

　また、SNSにはハッシュタグが使われることも多く、ハッシュ
タグを使っているコメントを探すこともひとつの方法です。外部
サイトを探すことと同様に、すべてをチェックするとなると時間
も工数もかかりますので、「最新10コメントまで」など制限をつけ
てチェックを行いましょう。

残念ながら、SNSの検索機能は
完全に正確ではなく、すべての
コメントが表示されるわけでは
ありません。似通ったコメント
も検索結果に拾われてしまいま
す。

01 エゴサーチに使えるツール　Googleで外部サイトを探す

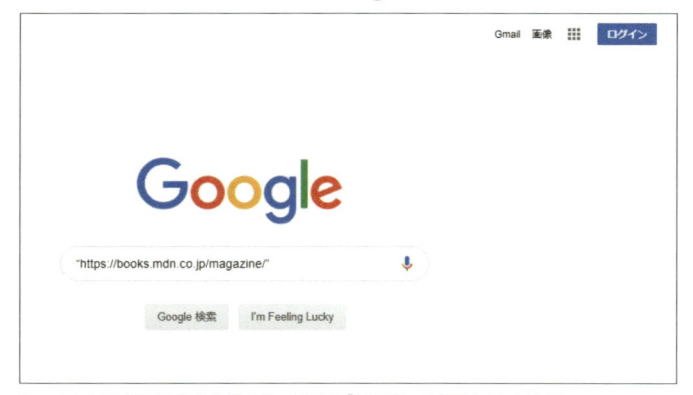

GoogleでURL検索を行なう場合は、URLを「"」で括って検索してください。

02 エゴサーチに使えるツール　Twitter

03 エゴサーチに使えるツール　Facebook

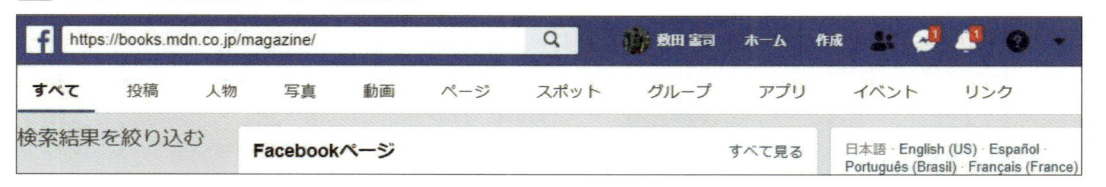

04 エゴサーチに使えるツール　Yahoo!リアルタイム検索

Twitterや公開設定しているFacebookの投稿（コメント）を検索することができます。 https://search.yahoo.co.jp/realtime

悪意に触れても気にしない

　エゴサーチを行っていると、コンテンツの内容・意図を誤解してしまっているコメントや、ネガティブの一言だけでは片付けられない悪意に満ちたコメントを見つけてしまうものです。

　でも、そんな場合は「気にしないこと」です。

　もちろん、辛辣な言葉でも建設的な意見であれば参考にするべきで、発言側のこちらに問題があったならば素直に陳謝することは大切ですが、例え感情的に許せないような一方的な言いがかりであったとしても、気にはせずに無視しましょう。

　（特にSNS上で）相手を無理に説得しようとして過激な意見の応報をしてしまうと、そのやりとりを他のユーザーも見せてしまうことにもなり、ユーザー離れの一因にもなってしまいます。著しく名誉を傷つけられたり、日常の業務に支障をきたしてしまうほど酷くなったならば、粛々と然るべき処置、対応を取ればよいのです。

　悪意に触れても気にしない、悠然と構えることはコンテンツマーケティングに限らず業務を行うための大切な心構えでもあるのです。

section 09 ツール以外の分析による改善② 他のメディアを利用する

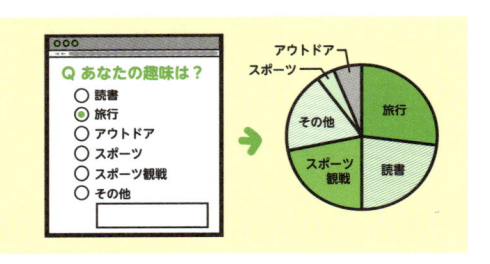

前のセクションでは、ユーザーからの直接の意見やエゴサーチによる調査によってコンテンツを改善するためのヒントを探しましたが、他のメディアをうまく利用すればコンテンツの改善だけでなく、コンテンツの幅を広げるヒントも探すことができます。受動的なデータだけでなく、能動的にデータを取得することでコンテンツの幅を広げ、改善につなげていきましょう。

内側だけでなく、外側をリサーチする

　Google アナリティクスや Search Console を使って検索クエリを調べ、そこから想定読者（ペルソナ）とのズレを見つけて新しいコンテンツを作成（またはリライト）する方法については、CHAPTER 2 section 07 で解説しました。これらは、自身の Web サイト、コンテンツページを分析する、いわゆる内側のデータを使った改善方法でした。つまり、検索クエリからユーザーの意図を読み解くための方法です。

　これを、今度は外部のデータを使ってユーザーの意図を読み解くことで、コンテンツの改善や幅を広げていきます。

　察しの良い方は既にお気づきかもしれません。そう、調べたい検索クエリを検索エンジンや SNS で実際に打ち込んで調べてみるのです。検索エンジンや SNS でのリサーチ方法は次の通りです。

☐ 検索エンジンで検索クエリの意図を読み解く

　検索エンジンは基本的には「検索クエリの意図に適うコンテンツページ」を検索結果の上位に表示させます。もちろん絶対に検索クエリの意図に適ったものだけが上位に来るというわけではありませんし、そのときに話題になったものが一時的に検索の上位に表示されることもあります。

これは検索クエリの種類でも違ってきます。検索クエリの種類については、P.106「検索クエリの種類から仮説を立てる」を参照してください。

しかし、自身がユーザーを獲得したい検索クエリで検索上位にあるコンテンツページを見る（ライバルのコンテンツページを分析する）ことは、自身のコンテンツページを改善することにつながるだけでなく、検索クエリの意図を読み解くことにつながります。

「自身のコンテンツに足りない情報は何か？」、「逆に自身のコンテンツにしかない強み（オリジナルな情報）は何か？」、を考えて新しいコンテンツを作成（またはリライト）して、検索クエリの意図を適えるよう改善しましょう。

□ SNS上で検索クエリのトレンドと有識者を探す

同じように、SNS上でその検索クエリについてどういうことが言われているのか、コメントされているかを調べてみます。ただし気を付けなければいけないこととして、SNS上の検索結果は検索クエリの意図を適えているものが結果に出てくるものではなく、単純な文字検索で一致した投稿を表示しただけのものだということです。

また、検索結果も最新のものから時系列に表示されるだけのものなので、検索クエリの意図を読み解くというよりは、「今現在で、その検索クエリでどういうコメントが為されているか（トレンドは何か）」を調べる程度のものです。

ただし、SNSでコメントをしているアカウントの中には、その検索クエリのテーマに大きく関係する有識者が紛れていることがたまにあり、その有識者のコメントは参考にして然るべき内容がたびたび投稿されます。よって、SNSでは、検索クエリの意図を探すというよりも、検索クエリのテーマに関する有識者を探し、そのアカウントの投稿を参考にすることで、コンテンツの改善につなげましょう。

Q&Aサイトで検索クエリの意図を知る

P.65「ネタを盛りこんでライティングする」でも紹介しましたが、Q＆Aサイトはネタの宝庫です。

コンテンツにおけるライティングのカタチを決めるための参考になるだけでなく、検索クエリの意図を知ることにも使えるので、コンテンツ改善のヒントもたくさん見つけることができます。試しにQ＆Aサイトで調べたい検索クエリを検索してみてください。

検索結果には、その検索クエリを含む質問と答えが一覧表示されていることでしょう。正にこれが検索クエリについてユーザーが聞きたいこと（意図）であり、ユーザーが知りたいこと（回答）でもあるのです。

自身のコンテンツに足りないものを他のサイトから見つけても、あくまで参考にするまでです。決して勝手にコピーして使ってはいけませんよ。

自分には無い観点やどこにも書かれていない回答があれば、ぜひ自身のコンテンツに反映、改善しましょう。

アンケートを利用する

ユーザーからの直接の意見やエゴサーチはあくまでユーザーの自主的なコメント、受動的なデータですが、こちらから能動的にコメント、意見をいただく、ユーザーへアプローチする方法もあります。

それは、アンケートを利用してユーザーの意見を募る方法です。

最近では自身でアンケートフォームや、ページを一から作成せずとも無料でアンケートを作ることができるテンプレートが用意されているサービスや、Googleが提要するGoogleフォームを利用すれば、簡単にアンケートが作成できます **01** ／ **02** 。

簡易なアンケート（選択肢によるアンケート）でよいのであれば、TwitterなどのSNSにもアンケート機能が備わっていますので、この機能を利用してみるのもよいでしょう **03** 。

■ アンケートには答えてもらいやすい配慮を

アンケートの質問や選択肢を作成するときは、なるべくユーザーが答えやすいように具体的な質問と選択肢を用意しましょう。ユーザーが回答しやすい質問と環境（プラットフォーム）を用意することができれば、回答数や回答率は向上し、多くのサンプルが集まるからです。

■ アンケートの結果を生かす

さらに、その回答を元にして新しいコンテンツページを作ることはもちろん、アンケートの集計結果もユーザーに知らせる、総評なども加えて発表すれば、それだけで1つのコンテンツページ

選択肢が異常に多い質問や、自由記入欄も多すぎて答えにくいアンケートだと、ユーザーは途端に面倒になって回答を終えることなく離脱してしまいます。

01 外部アンケートサービス　Questant

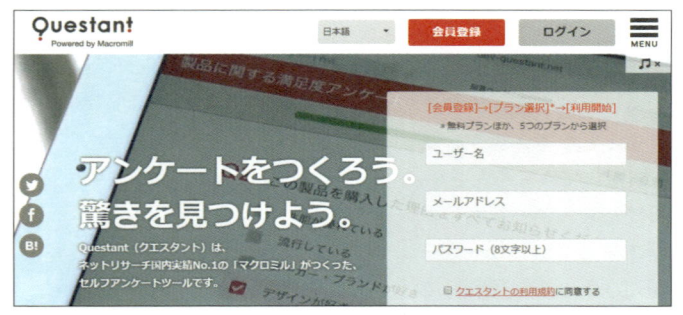

https://questant.jp/

02 外部アンケートサービス　Googleフォーム

https://www.google.com/intl/ja_jp/forms/about/

03 Twitterのアンケート機能

棒グラフのアイコンをタップする

としても成り立ちます。

　Webという媒体だからこそ早期にアンケート結果を発表できるという特性を生かして、回答したユーザーが完全に忘れてしまう前に発表することで、リピーターとして戻ってきてくれるユーザーを増やすきっかけとしましょう。

　このようにアンケートのようなユーザー参加型の企画は、コンテンツの改善案や幅を広げるヒントを得るだけでなく、ユーザーとのコミュニケーションを図る企画としても有効なので、コンテンツマーケティングと相性が良いと言えます。アンケートをうまく利用してユーザーと親密になると共に、コンテンツマーケティングを促進させましょう。

section 10 リアルでの集客について

Webメディアの周知・集客の活動は、ネット上だけで行うものだとは限りません。日常のリアルなシーンでもできることはたくさんあります。むしろ目的によっては、ネット上よりもリアルでの活動のほうがより多くの人に知ってもらうきっかけになり、集客に繋がることもあるのです。ネット上の活動に限定せず、リアルでの活動でもできることはやってみましょう。

リアルでの広告手法

リアルでの周知、集客と言えば、多くの人が既存メディア（新聞やTVなど）への広告出稿、CMを考えるのではないでしょうか **01**。新聞やTVなどの需要は減り、接触時間も年々減ってはきているものの、それでも今はまだ多くの人に知ってもらうきっかけとして大きな効果がある方法です。

しかし、多額の広告費がネックとなっているからこそ実現が難しく、また、不特定多数の人に周知する方法としては優れていますが、それが必ず集客につながるかは別問題でもあります。

ここで広告出稿の前に、このタイミングでもう一度検討して欲しいことは、「コンテンツマーケティングの目的は何か？」ということです。

多くの人に周知させるだけであれば、既存メディアへの広告出稿、CMでも良いのですが、コンテンツマーケティングの目的は、その先にある集客から成約（購入、申し込みなど）が最終目的であるはずです。

つまり、「自社の商品やサービスをどのようなユーザーに訴求したいか」を確認し、「ターゲットとなるユーザーを集めるための方法のひとつ」として広告があることを理解しない限りは、いくら広告という方法が優れていても、成約には辿り着かないとも言えるのです。

同じリアルの広告でも、もう少しターゲットを絞った方法もあります。例えば駅構内の看板や、ポケットティッシュ（チラシ）

広告は集客手段のひとつであって目的ではありません。あえて広告をまったく使わない、こだわりすぎないというのも手段であり方法です。

の配布などはそんな広告手法のひとつです。

　駅構内の看板はその駅を利用する人、生活圏である人にターゲットを絞った広告で、同じくチラシも配った地域が生活圏の人にターゲットを絞った広告だと言えます。

　この広告手法に適しているコンテンツ（商材）は、販売や申し込みを請け負う実店舗がその地域にあり、実生活でも利用できるもの、例えば飲食店などが適していると言えるでしょう。

01 広告手法は多種多様

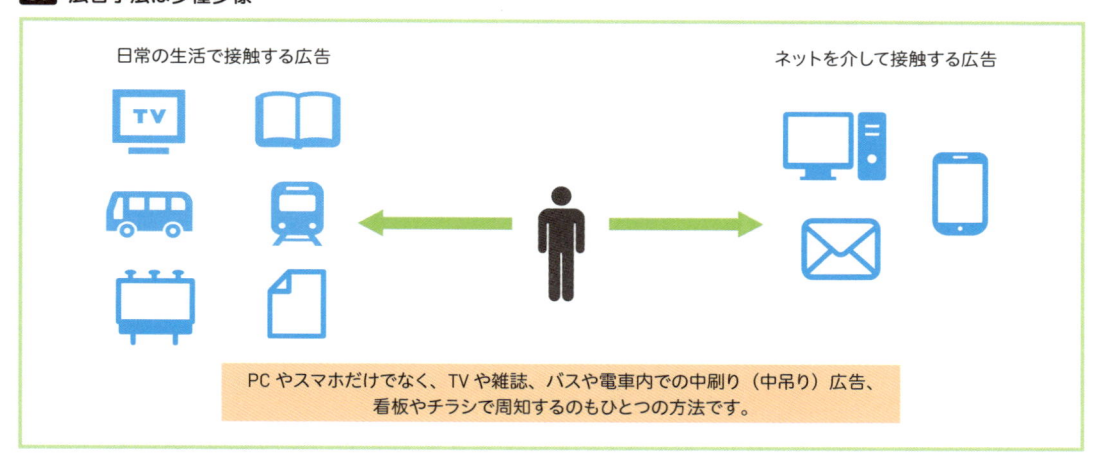

日常の生活で接触する広告　　　ネットを介して接触する広告

PC やスマホだけでなく、TV や雑誌、バスや電車内での中刷り（中吊り）広告、看板やチラシで周知するのもひとつの方法です。

ユーザーのいる場所はネット上だけではない

　リアルでの周知、集客の方法は、広告に限ったものではありません。その他の方法を検討する際に、ぜひ利用して欲しいものは、やはり"事前に想定し、作成したペルソナ"です。

　ペルソナのデータをもう一度眺めてみると、そのデータはネット上での行動に限られて想定されたものではないことが分かります。

　広告が「ターゲットとなるユーザーを集めるための方法のひとつ」であるように、周知、集客を行う理由をペルソナから読み解けば、リアルであっても広告にこだわらなくてよいことが見えてくるでしょう。

　では、リアルではどのようなことを行えば周知、集客ができるでしょうか？

　ペルソナがリアルで興味を持っていること、そして、何が起これば行動に移すであろうかとさらに想定してみてください。つまり、ネット上だけでの情報提供ではなく、リアルの場所で情報を提供する機会を作り出せば、ユーザーは向こうからやって来てくれるのです。

セミナーやイベントを開催する、参加する

　ネット上ではなく、リアルな場所での情報提供を行う方法に、セミナーやイベントの開催があります。

　セミナーと言うと少し堅苦しいですが、要は説明会、相談会、勉強会などをユーザーに向けて開くことで情報を提供し、ユーザーと直接コミュニケーションを取ることで周知、集客を行う方法です。

　自社（自身）が主催するとなると、時間と開催場所を確保するだけでなく、企画内容から進行までそのすべてを管理、運用しなければなりません。よって準備も手間もかかりますが、何よりもユーザーと実際に会うことで得られる生の声（意見）は、コンテンツはもちろん、元となるテーマや軸、さらには提供している商品やサービスの改善を行う上でも重要な情報となります。

　「今やWeb上でやりとりができるのだから、リアルで会って声を聞くのは意味が無い、無駄なのでは？」と、思うかも知れません。しかし、実際に会ってやりとりするからこそ生まれる声があり、何よりも人は「本音と建前」を使い分けるものであり、また、人は実際に会うことで信用、信頼が増していくものです。

　最初から自身ですべてを取り仕切るのは至難の業なので、同業他社と共同でセミナーを開いてみたり、多数の企業が参加するイベントに参加する（ブースを出してみる）のも有効な方法です。

　「どのくらいの人数を呼ぶのか？」にもよりますが、数十名程度のセミナーであれば、個人であっても開催は充分に可能です。

　また、ネット上での周知、集客がメインだからこそ、リアルでも活動する（周知、集客を行う）ことで他社との差別化が図れますし、ユーザーと親密になれるというアドバンテージにもなるのです。

　「広告費が少ないから…」、「セミナーなんてやったことがないから…」と、リアルでの周知、集客を諦めてしまう前に、「少ないお金でも何ができるのか？」を考えて実行すれば、あなたのコンテンツマーケティングの周知、集客はもちろん、最終目的すらも適えることができるでしょう。

> 今は貸し会議室やコワーキングスペースなどが数多く存在し、比較的安価で借りることができます。ちなみに筆者も書籍のセミナーを開くことで読者の感想を聞き、Webコンテンツはもちろん、次の書籍などの改善に活かしています。

コンテンツマーケティングの
成功事例から学ぶ

業種・業界に合わせた最適なコンテンツ戦略を学ぶ

section 01 BtoB企業に最適な コンテンツマーケティング

CHAPTER 3までのお話で、コンテンツの種類や具体的制作過程、運用方法などをご理解いただけたかと思います。しかし、コンテンツの戦略や選択肢がたくさんある中で、自社に最適な戦略はどういったものなのか、悩んでしまいますよね。このCHAPTERでは、業種業界に合わせた成功までの近道をご紹介していきます。まずは、BtoB企業の場合を見てみましょう。

BtoB企業が目指すべきコンテンツマーケティングとは

コンテンツマーケティングは、BtoC企業向けの施策のように思っている方も多いのではないでしょうか。しかし、BtoB企業こそコンテンツマーケティングに取り組むべきだと筆者は考えます。ニッチな業界であればあるほど、顧客側が手に入れられる情報は限られています。見込顧客が情報を求めた際、検索する言葉や起こす行動のパターンを掴むことができれば、大きな成果を出すことができます。

BtoB業界でも、すでに多くのサイトがコンテンツマーケティングに取り組んでいます。その中でも成功しているコンテンツマーケティングを知ることで、成功までの近道を学びましょう。

IT企業のコンテンツヒント

Web制作会社やシステム会社、ツールベンダーなど、IT関連の企業の場合、多くの選択肢があります。コンテンツマーケティングに取り組む際のヒントとなるような実例をいくつかピックアップしてご紹介していきます。

■ 最新情報・基礎情報コンテンツ

まず、業界の最新ニュースの配信は非常に好まれます。定期的にサイトを閲覧してくれるヘビーユーザーを獲得するためには、欠かせないでしょう。また、最新情報ではなくても、ユーザーに

とって有益なノウハウを共有することももちろん大切です。最新
ニュースは、そのときどきの瞬間的な流入がメインとなりますが、
基礎的な情報であれば、継続的な流入が見込めるからです。

■ 用語集

　IT企業では、専門的な用語が日常的に使われるため、専門用語
について検索するユーザーも非常に多く存在します。用語集のよ
うなコンテンツも用意しておけば、将来的に顧客になりえる見込
み顧客を集めることもできるでしょう（注意点についてはP.28を
参照）。

■ ノウハウブック、メルマガ

　しかし、Webサイト上でユーザーの束に対して行う情報提供
では、コミュニケーションに限界があります。そこからさらに踏
み込んだコミュニケーションを取っていくためには、できるだけ
個人の情報を特定して、よりパーソナライズ化した情報提供がで
きると良いでしょう。

　例えば、Web上で公開している情報よりも、少しだけディー
プな情報をノウハウブックとしてまとめ、ダウンロードするため
にメールアドレスの登録をしてもらう、という方法です **01**。こ
の方法を採用している企業は多くあります。

01 ノウハウブックの例

BtoC企業の場合は、日常的にあまり使用していないメールアドレスを登録情報として使用するユーザーは多いでしょう。しかしBtoB企業の場合、ターゲットのほとんどは企業に属している人だと思います。

通常業務で使用するため、毎日きちんとメールボックスを確認するのが通常で、有益な情報であれば、BtoC企業に比べてしっかりと読み込んでもらえます。その反面、自分に関係のない業務に関する内容であったり、あまり有益だと感じてもらえなかった場合、すぐに配信停止されてしまうため、配信先と内容には特に気をつけます **02**。

02 メルマガの例

コンテンツマーケティングの成功事例から学ぶ

● イラストコンテンツ

最近では、イラストや漫画、動画など、感覚的に情報収集ができるようなコンテンツもとても増えています。テキストでのコンテンツ提供に比べ、企画や公開が大変な部分も多いのですが、ビジュアル的な情報配信のため、より情報がわかりやすく伝わるというメリットがあります。

特にイラストコンテンツは、BtoB 業界でも活用の幅を広げています。「ウェブライダー」が運営する「沈黙の Web マーケティング」 **03** というコンテンツは、Web マーケティング業界で非常にバズり、書籍化もされた、BtoB イラストコンテンツの先駆け的な存在です。オリジナルのキャラクターを登場させ、インパクトのあるイラストを使い、ストーリー仕立てで Web マーケティングを面白おかしく伝えています。BtoC では、コラムの間にイラストを使用するケースはよく見られますね。BtoB でも、情報を届ける先は"個人"ですので、もちろん活用できます。

03 「沈黙の Web マーケティング」

https://www.cpi.ad.jp/bourne/

■ 漫画コンテンツ

イラストを飛び越え、漫画としてコンテンツ配信するケースも増えています。Web マーケティングに関する情報配信をしている「Web 担当者フォーラム」 **04** では、「Web マーケッター瞳」や「僕と彼女と著作権」など、連載型の漫画コンテンツが非常に人気です。新入社員などの業界初心者にとっては、書籍や長文コンテンツなどで学習するには気力を使うため、漫画という親しみやすい形で情報提供することで、学習ハードルを下げることができます。テキストだと伝わりづらい部分をビジュアルで伝えることができるため、お硬いイメージのある企業こそ取り組んでみるといいかも知れません。

【漫画】Webマーケッター瞳 シーズン1

**Webマーケッター瞳 vs ソーシャルメディア
マーケター美咲 ぶっちゃけオフ会トーク（濃
いめ） #markehitomi**

マーケ女子・瞳と美咲の熱いオフ会トーク。

1ページ目：Webマーケッター瞳 vs ソーシャルメディア
マーケター美咲 ぶっちゃけオフ会トーク（濃いめ）
#markehitomi
2ページ目：KPIは結局PV!? でも売上には影響ナシ
3ページ目：瞳さんは歯磨き粉何使ってるんですか？
（笑）
4ページ目：Webがダメなのは、Web担当者じゃなくて
会社に問題がある!?

👤 遠藤美咲＋三立瞳　🕐 2011/4/27 9:00
f 272　**🐦 221**　**B! 175**

【漫画】Webマーケッター瞳 シーズン1

**あなたに会いたくて／【漫画】Webマーケッ
ター瞳 特別編**

大手化粧品会社・四聖堂の新商品を手がけることになった
瞳だが…。

👤 村上佳代（原案、監修）、星井博文（原作）、ソウ...
🕐 2010/5/25 9:00　**B! 33**

https://webtan.impress.co.jp/

■ 動画コンテンツ

　最近では、動画コンテンツを目にする機会も増えました。「大塚商会」のサイト **05** では、オンラインセミナーの配信を行っており、動画としてセミナーを閲覧することができます。セミナーは、ユーザーの学習に最適ですし、企業からも人間味のある情報提供ができるため、良いコミュニケーション手段ですが、会場に足を運ぶ必要があるため、参加のハードルが高めです。

　しかし、オンラインセミナーの場合、会場に訪れる必要がないため、参加ハードルが低く、遠方のユーザーでも参加ができるというメリットがあります。

　さらに、株主に向けたIR用の動画配信にも注目が集まっています。IT企業の場合、サービスの理解に専門知識が必要な場合は多いものです。しかし、投資家のすべてがITリテラシーに長けているわけではありません。

05「大塚商会」

https://www.otsuka-shokai.co.jp/events/online/

06「ラクスル株式会社」

https://corp.raksul.com/

　リテラシーが高いとは限らない株主向けにサービスを説明する必要があるため、"端的・短時間"で"わかりやすく"情報を伝えるということが最も重要です。長文のテキストで詳細に伝えるよりも、動画のほうがわかりやすく、より感覚的に情報を伝えることができるため、IR用のサービスコンテンツには動画は最適なのです **06**。

メーカーのコンテンツヒント

　工場部品メーカーや電子機器メーカーなど、メーカー業界でもコンテンツマーケティングに取り組む企業が増えましたね。メーカーの場合、Webサイト上で直接売上が上がるわけではないのですが、工場見学や製品に対する想いなどのコンテンツを用意することで、"情熱"をきちんと読者に届けることができます。オウンドメディアを制作して、ブランディングに力を入れている企業もあります。

■ 工場見学コンテンツ

　メーカーの場合、どのような環境で製品が作られているのかを伝えることが、一番に取り組むべきことかも知れません。

　お菓子工場やビール工場などのBtoCのメーカーでは、実際に自分の足で工場を見て歩き、試食ができるという工場見学が大人気のレジャーとなっていますよね。電子機器などのメーカーの場合は、実際に見学というのは難しいかも知れませんが、Webサイト上で工場見学ができるようなコンテンツを作れば、買い手の企業や、これから入社を検討している学生などに向けて、自社製品をうまくアピールすることができます **07**。

07「株式会社チノー」

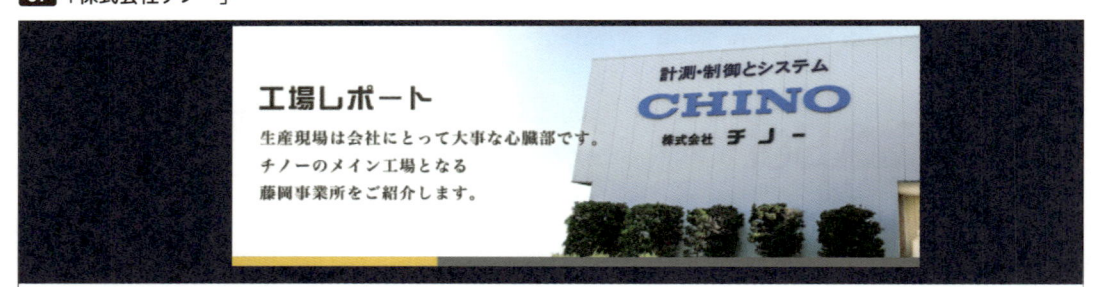

https://www.chino.co.jp/recruit/about/factory/

CHAPTER 4

コンテンツマーケティングの成功事例から学ぶ

■ 社員やクライアントのインタビューコンテンツ

　メーカーの場合、インタビューコンテンツとの相性も良いです。社長インタビューは機会がよくあるかも知れませんが、インタビューすべきは企業のトップの人々だけではありません。現場の社員から製品への想いをインタビューしたり、自社製品がどのように活用されているのかを取引先にインタビューしたり、活用の幅は広いのです。

　メーカーのコンテンツマーケティングで有名なのは、「東海バネ工業株式会社」が運営するオウンドメディア「ばね探訪」**08** ではないでしょうか。「ばね探訪」では、自社で製作した部品がどのように活用されるのか、取引先にインタビューを行い、それをコンテンツとして公開しています。単純に自社製品の活用事例として紹介するわけではなく、クライアント側の想いもインタビューとして一緒に掲載することで、業界全体の盛り上げ役になっている、素晴らしいコンテンツに仕上がっています。

08「ばね探訪」

https://tokaibane.com/bane-tanbo/

不動産、住宅メーカー、オフィス移転のコンテンツヒント

　「スーモ」や「アットホーム」など、大手の不動産検索サイトはよく取沙汰されていますが、世の中には地域密着型の不動産検索サイトもたくさん存在します。

　不動産関係では他にも、不動産を査定するサイトや、住宅メーカー、オフィス移転などのサイトもありますね。こういった不動産・オフィス移転関係のサイトでは、独自性の高い地域情報や、施工事例を活用して成功しているケースがほとんどです。

■ 地域密着型コンテンツ

　不動産関係のサイトであれば、その地域に密着したコンテンツを作るのがおススメです。大手サイトでは特集が難しいような、小さなイベントにも着目してコンテンツを作っていくことで、差別化ができるでしょう **09**。

- ■周辺のレジャー施設の特集
- ■お祭りや花火などイベントの特集
- ■育児のしやすさや学区などの紹介
- ■スーパーや商店街などの紹介

09 「街ピタ」

https://www.pitat.com/machipita

■ 事例集コンテンツ

　住宅メーカーやオフィス移転などの場合、実際に施工した実績を事例集としてまとめることが最も重要です。事例コンテンツは、見込み顧客が最後の検討フェーズに入った際、特に注目しているコンテンツですので、できるだけたくさんの事例を集めましょう。

　その際、写真とちょっとしたコメントだけではなく、施工担当のこだわりポイントや、お客様のインタビューも掲載することで、さらに良いコンテンツとなります。

　また、コンテンツのタイトルを「〇〇株式会社様_施工事例」など、定形にしているのは、少しもったいないです。「固定席からフリーアドレスへ変わったオフィス事例」など、検索ニーズを考慮したタイトル設計にすることで、自然検索でも露出できるようになるでしょう。

■ マニュアルコンテンツ

　個人であれば、結婚や引っ越し。企業であれば起業、移転など、大きな買い物の前は誰でも不安なものです。わからないことをとにかく検索するタイミングですので、ユーザーの疑問を自社サイトだけでも解決してあげられるようなコンテンツを用意しましょう。

　一連の流れや、準備しておくものについてまとめたマニュアルコンテンツは特に喜ばれます **10** 。

10 「三幸エステート株式会社」

https://www.sanko-e.co.jp/

人材、採用のコンテンツヒント

　新卒、中途、人材派遣。仕事検索サイトは数え切れないほど存在し、人材募集をしている企業自身でも、採用ページに力を入れています。しかし、仕事を探すユーザー側からすると、大量のサイトに登録したり、各企業の採用ページを網羅することは非常に面倒です。テレビCMも行っているような、大手サイトに人材が集まっているという実態があります。

　大手サイトに求人情報を掲載したり、自社の採用ページに広告をかけて人を集めたり。採用担当の間では、集客にとても苦労しているのではないでしょうか。

■ オウンドメディアリクルーティング

　最近では、「オウンドメディアリクルーティング」という言葉に注目が集まっています。オウンドメディアリクルーティングとは、自社サイトやSNSなどを通して、企業の価値観や想いを伝えていくことで、共感を得た人材を獲得するという、"採用におけるマーケティング手法"です。

　筆者がコンテンツマーケティングに成功している企業へのインタビューを行う際には必ずお話として挙がるのですが、上質なコンテンツを提供していくことで、「認知拡大」や「CV増加」といった効果以外にも、「インナーブランディング」や「採用」というところ

11 「メルカン」

https://mercan.mercari.com/

で非常に成果が出るということです。

「株式会社メルカリ」では、リクルーティング用のオウンドメディアとして、メルカリで働く社員のインタビューコンテンツを中心に構成された「メルカン」**11** というオウンドメディアを運営しています。こういったオウンドメディアを持つことによって、会社の価値に共感した人が集まり、入社後のギャップが少なかったり、入社後も社員全体で同じ想いを共有することができるなど、大きなメリットが生まれるのです。

■ 職場の実態コンテンツ

採用される側が一番気になるのは、"自分がこの企業でどのように働くのだろう"というところではないでしょうか。給与面や各種福利厚生、オフィス環境などの情報は掲載していても、一日のスケジュールや実際の仕事内容、モチベーションなど、"感情的"なコンテンツは薄くなりがちです。

しかし、社員へのアンケートやインタビューなどを活用すれば、わかりやすく伝えることも可能です。働いてみないとわからないと思われがちな職場の実態をコンテンツにすることで、社内の雰囲気を伝えるようにできるといいでしょう。

■ 診断コンテンツ

人材サイトでは、適職診断などの診断コンテンツが人気です**12**。転職エージェントに相談するよりも手軽に自分のことを分析してくれるので、利用側からするととても有り難いですよね。企業側としても、診断結果に合わせた職種情報を提供できるというメリットがあります。

12 「マイナビ転職」

https://tenshoku.mynavi.jp/opt/joblicious/

BtoC企業に最適な コンテンツマーケティング

前のセクションでは、BtoB企業に最適なコンテンツヒントについて業種業界別にお話ししました。ここでは、同じようにBtoC企業に最適なコンテンツヒントをご紹介していきます。コンテンツを届ける相手は一般消費者ですから、アプローチの仕方はまた変わってきます。業種業界によってさまざまな手法があるので、自社のアイデアとしてぜひ活用してください。

BtoC企業が目指すべきコンテンツマーケティングとは

　BtoBのコンテンツマーケティングに比べて、BtoCのコンテンツマーケティングでは題材にできる内容が非常に多いため、コンテンツ制作難易度は低くなります。しかし、その分「ターゲットが広範囲になりすぎて成果が出なかった」などの失敗も起こりがちです。業種業界ごとの勝ちパターンを知り、自社にとって最適なコンテンツマーケティングを行いましょう。

ECサイトのコンテンツヒント

　ECサイトの場合、サイトへの流入がそのまま売上にも直結するため、特に力を入れて施策を行う必要があります。「認知拡大」、「比較検討」、「購買意欲育成」の3つの点でコンテンツをうまく活用していきましょう。

■ 集客用のお役立ちコンテンツ

　せっかく良い商品を扱っていても、ECサイト自体が見られなければ、商品の良さを伝えることはできません。サイトの認知拡大のために、まずは集客用のお役立ちコンテンツから取り組みましょう。

　集客用のコンテンツは、商品に関係する内容をうまくまとめる必要があります。「マヌカハニーの通販サイト」、「40代向けのサプリメント専門通販サイト」など、単品通販やある程度商品カテゴ

リが絞られているサイトの場合は問題無いのですが、さまざまな
ジャンルの商品を扱う総合ECの場合は、うまくカテゴリを区切
り、コンセプトを統一する必要があります **01** 。

01 ECサイト内のお役立ちコンテンツの例

■ 商品のレビュー、体験型コンテンツ

　実店舗でお買い物をする際は、実際に店舗に足を運び、複数店
舗で料金比較をして、荷物として持って帰るという手間があります
よね。ECサイトは、どこにいてもお目当ての商品を購入する
ことができる上、複数サイトで料金の比較検討もでき、自宅へ配
送してもらえるというお手軽さが強みです。

　しかしECサイトでは、実店舗のように自分で商品を試してみ
るということができません。サイズはどのくらいなのか、使用感
はどうなのか、実際に自分が使うところを想像するという点で、
イメージが湧きにくいのは大きなデメリットです。

　サイトを閲覧している中で、実際に商品を見ているような気持
ちにさせてくれる、レビュー・体験型のコンテンツは、ECサイ
トにとって非常に重要です。

　生活雑貨を取り扱う「北欧、暮らしの道具店」**02** では、スタッフが実際に使用している様子をレビューコンテンツとしてまとめることで、暮らしの中で商品がどのように使われるのかがわかりやすく表現されています。このサイトの素晴らしいところは、"ナチュラル雑貨を取り入れた、おしゃれで丁寧な暮らし"という、しっかりとしたテーマを感じられる、全体のコンセプト設計です。セレクトしている商品はもちろん、サイトのトンマナや写真、コンテンツに至るまで、まるで一冊の雑誌を読んでいるような、一貫したこだわりを感じることができます。

　また、ユーザー自身からレビューを集めるということももちろん大切です。クチコミ・レビューを書いてくれた方にクーポンやオマケをつけるという戦略をとっているサイトが多いですね **03**。

最近では、嘘のクチコミをあぶり出すツールなども出てきているので、クチコミを買う・捏造するといったやり方は絶対にやめましょう。

02「北欧、暮らしの道具店」

【発売記念コラム】暮らしに、仕事に。店長佐藤＆スタッフにとっての「気持ちをつくる香り」とは？

編集スタッフ　田中

本日発売された<u>当店オリジナルのコロン</u>。

1日の中でも、集中したい、リラックスしたいなど、切り替えたい気分はさまざま。「気持ちをつくる香りのおまもり」という商品名の通り、気分に合わせて選べる3つの香りをご用意しました。

店長佐藤は、20代の頃にアロマテラピーの勉強をしたこともあるほど、大の香りアイテム好き。これまで暮らしの中で幾度となく香りに助けられてきたからこそ、当店でも取り扱いたいと開発を進めて、今日発売の日を迎えました。

https://hokuohkurashi.com/

資格、学校のコンテンツヒント

　資格を取るための通信講座や、専門学校・大学など、スクール関連のサイトもたくさんありますね。スクール関係のサイトでは、どのようなコンテンツが勝ちパターンなのでしょうか。

■ なれる職業コンテンツ

　そもそも人が資格を取ったり、専門学校に通ったりするのはなぜでしょうか。それは、なりたい職業があるからですね。看護師になるために必要な資格は何なのか。営業職から事務職に転職するために取っておくと有利な資格は何なのか。デザイナーになるためにはどこで勉強すればいいのか。なりたい職業に関するコンテンツを作ることがポイントです。卒業生へインタビューを取ってみてもいいかも知れません。

　インテリアデザインの専門学校「スペースデザインカレッジ」**04** では、「なりたい職業を探す」というコンテンツを作り、この学校を卒業した後、実際に就業できる職業を特集しています。「店舗デザインに興味がある」、「住宅のインテリアアドバイザーになりたい」と、なりたい職業のイメージは持っていても、実際に何の資格を取得すればいいのか、学校に通う必要があるのか、詳細はわからないものですよね。卒業後の進路のコンテンツを作ることで、卒業後の進路をイメージしやすくすることができます。

04 「スペースデザインカレッジ」

> *Look for Search*
>
> ## なりたい職業を探す
> ──
>
> | | |
> |---|---|
> | インテリアコーディネーター ＞ | インテリアデザイナー ＞ |
> | 店舗デザイナー ＞ | 建築家 ＞ |
> | ディスプレイデザイナー ＞ | インテリアスタイリスト ＞ |
> | インテリアアドバイザー ＞ | 照明デザイナー ＞ |
> | 家具デザイナー ＞ | インテリアプランナー ＞ |

http://www.space-design.co.jp/

■ 資格のカテゴリコンテンツ

　資格を取得したい理由は、人によってさまざまです。「簿記の資格が欲しい」というように、取得したい資格が明確な場合は「簿記 資格 講座」など、資格名で検索をかけることが可能です。

　しかし「妊娠中に資格が欲しい」「転職するために有利になる資格が欲しい」など、資格の種類を決めず、ぼんやりと検索をする人もいるのです。そういった人にも最適な資格を見つけることができるように、資格の種類別だけではなく、ニーズ別でもカテゴリ分けをして、コンテンツを持つことが重要です。資格の通信教育商材を扱う「ユーキャン」**05** では、「転職に役立つ資格」、「短期間で身につく資格」など、資格のニーズ別カテゴリをコンテンツごとにきちんと分類しています。

05 「ユーキャン」（抜粋）

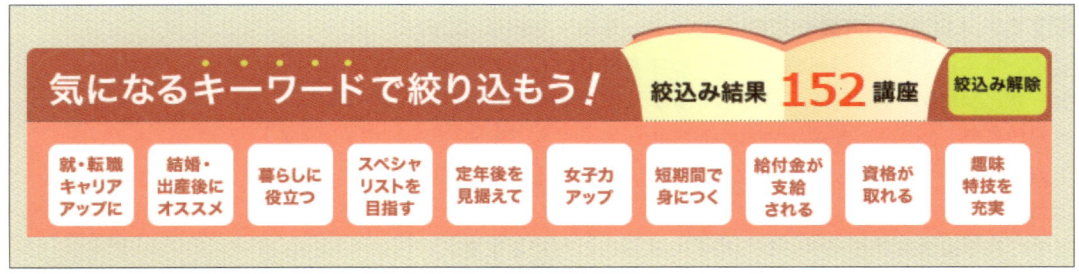

https://webtan.impress.co.jp/

美容、化粧品のコンテンツヒント

エステ、脱毛サロン、基礎化粧品、ダイエットサプリなど、美容や化粧品関係の商品はたくさんあります。競合が多いからこそ、広告だけに頼り切りになってしまうと広告費が高くなり、割に合わなくなってしまいます。美容業界で明日から活用できるコンテンツのヒントをご紹介します。

■ 比較コンテンツ

同じような商品が複数あると、どれにしようか悩んでしまいますよね。複数サイトをまたいで閲覧して、比較検討するのはとても手間なものです。最近では、さまざまな商品を比較した「比較アフィリエイトサイト」がとても増えています。ユーザーにとってニーズがあるからこそ、これだけたくさんの比較サイトが増えているのです。

さまざまなメーカーから商品を取り寄せるセレクトショップの場合は、取り扱い商品を比較したコンテンツ **06** を用意すると、ユーザーに喜ばれます。また、自社ブランドの取り扱いしかしていないメーカーの場合でも、成分違いの同じような商品がある場合、比較コンテンツの制作をおススメします。

自分により合った商品はどちらなのか、案外悩んでしまうので、こういった比較コンテンツがあると、より納得感を持って購入することができます。

06 「メンズコスメ+」（抜粋）

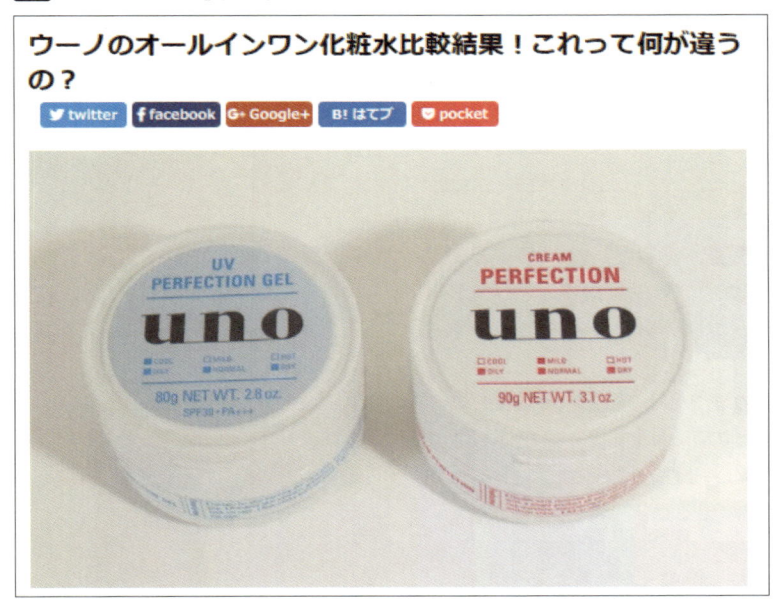

■ アンケートコンテンツ

「たくさんの人に選ばれている」というのは、商品を選択する際の重要なポイントになります。

比較コンテンツは、あくまで製品の特徴など、要素の訴求になりがちですが、アンケートコンテンツを使えば、より感情的に訴えかけることができます。

現在は、安価なWebリサーチサービスもたくさん存在するため、商品に関連する内容のアンケートを取得し、それをコンテンツ化することで、面白いアンケートコンテンツを簡単に制作することができます **07**。

07「MIGAC」（抜粋）

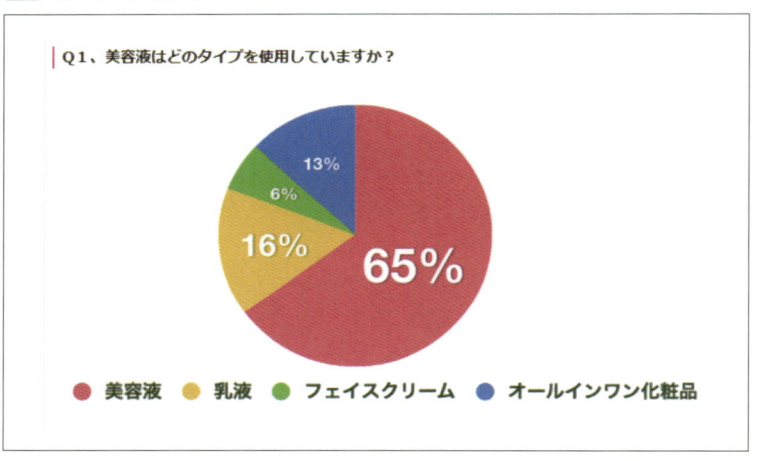

https://migac.jp/nyueki/essencequestionnaire

■ SNS

BtoC業界では、SNSの活用が盛んです。特に美容関連は、SNSとの相性が抜群に良いです **08**。Twitterでユーザーと交流したり、Instagramにきれいな写真をアップしたり。オウンドメディアなどで展開しているコラムコンテンツをSNSで紹介するのもいいですね。

企業によって活用方法は異なりますが、現在時点で最もユーザーと近い距離で関係性が持てるのがSNSです。まだ何も取り組みができていないという場合は、今日にでもアカウントを作成してみましょう。きっと良い効果が出るはずです。

08 「資生堂公式Twitterアカウント」

https://twitter.com/SHISEIDO_corp/

■ インフルエンサーマーケティング

　最近では、「インフルエンサーマーケティング」という手法が注目されています **09**。SNSでフォロワーがたくさんいる、影響力の強いユーザーのことを「インフルエンサー」と呼びます。インフルエンサーが特定の商品について宣伝することで、大きな広告効果があるのです。

　商品をサンプルとして提供し、良いと思ってもらったことを"きちんとPRだと明記して"投稿してもらうことで、興味を持ったユーザーが商品を購入してくれます。また、同じように投稿を拡散してくれる二次的拡散効果も期待できます。

09 インフルエンサーマーケティングのイメージ

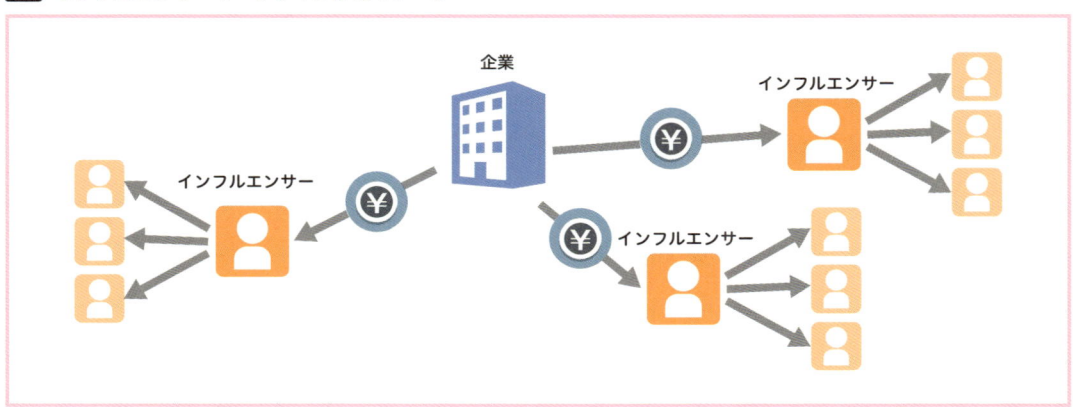

section 03 コンテンツマーケティングの失敗事例から、成功の秘訣をひも解く

職業柄、Webマーケティングに関する相談をよく受けるのですが、すべての企業がコンテンツマーケティングを成功させているわけではありません。むしろ、思ったような成果が得られず、途中で更新を諦めてしまう企業がとても多いのが実情です。では、多くの企業では何が原因で挫折してしまうのでしょうか。失敗事例から成功の秘訣を学んでいきましょう。

なぜ多くの企業が挫折してしまうのか

　そもそもコンテンツマーケティングの失敗とは何でしょうか。筆者が考える定義はこちらです。

- 更新が止まって、完全に放置状態になっている
- 一生懸命コンテンツを作っているのに、集客ができない
- 集客はできているが、最終的なCVにつながらない

　こういった状態の企業からよく相談を受けますが、多くの場合「見切り発車」、「コンテンツの企画に問題がある」、「効果測定や改善ができていない」、「社内の理解不足」が原因です。

　ノウハウの無い状態でスタートしたため、サイトの構造にSEO上の問題があり、うまく集客できない。コンテンツマーケティングで得たい目標を明確にせず、通常業務の片手間にやっているため、他の業務が忙しいと更新が止まる。効果測定と改善ができていないため、ダラダラ運用を続けている。戦略の無いコンテンツはCVが取れず、社内理解が得られないため、優先度がどんどん下がっていく…という負のスパイラルですね。

　では、そうならないための具体的な対策について話していきます。

運用開始時の準備不足

コンテンツマーケティングは、事前の準備が何より大切です。「流行っているから」、「コンテンツ制作会社に勧められたから」と安易にはじめるのはおススメしません。

運用開始時の準備不足が原因で、思ったような成果が出なかったということがないように気をつけましょう。

■ 目的や目標がぼんやりしたままスタートした

「とにかく流入を増やしたいから」というぼんやりした理由でコンテンツマーケティングをはじめる企業は少なくありません。流入を増やすこと自体はもちろん良いことです。しかし、「いつまでにどのくらいの流入が欲しいのか」、「なぜ流入が欲しいのか」という、もっと根本的な部分をきちんと明確にしておきましょう。

「流入を獲得した後のCV施策」、「ブランディングの効果測定」など、その次のステップの戦略をおろそかにすると、「流入は取れたけど、CVにつながらなかった」、「成果がよくわからなかった」ということになりかねません。

■ 運用体制や運用ルールが整っていなかった

専任担当者がおらず、社内でコンテンツ制作を順番に行っている。企画は社内で行い、ライティングは外部のライターに依頼している。すべての作業を専門のコンテンツ制作会社に依頼している。運用体制は企業によってさまざまだと思います。

専任担当者がいない運用体制が悪いというわけではないのですが、責任の所在が不明確な場合、コンテンツ制作の時間が通常業務に左右され、定期的に更新ができなくなっているというケースをよく目にします。当たり前ですが、継続したコンテンツ配信をしなければ成果は出ません。あらかじめ設定した目標に合わせて、必要な更新本数を逆算して、定期更新できるようにしましょう。

■ 長期的な目線で運用できていない

コンテンツマーケティングは、成果が出るまでに一定の時間がかかります。広告のようにすぐに効果が出るものではないため、じっくり時間をかけてメディアを育てていくことが重要なのです。しかし、短期的な結果だけを見て、成果がないと諦めてしまう企業もたくさんいます。社内の理解が得られるよう、小さな成果報告も欠かさず、長期的な目線で運用していきましょう。

サイトの設計自体に課題がある

　コンテンツマーケティングの成果が出にくい場合、コンテンツ配信をしているWebサイトの設計がそもそも良くないという場合があります。どんなに良いコンテンツを作ったとしても、それをユーザーに届けられなければ意味が無いですよね。

　サイト上でコンテンツを更新すれば、自然と露出ができるよう、いくつかのポイントに注意しましょう。

■ 基礎的なSEOができていない

　コンテンツマーケティングは、ユーザーから"見つけてもらう"ことで関係構築がはじまります。ユーザーの検索行動に合わせてアプローチできる自然検索での露出は必要不可欠です。「一生懸命コンテンツを作っているが、集客がうまくいかない」という場合、サイト自体のSEOができておらず、自然検索で露出しづらい構造になっている可能性があります **01**。

01 SEOセルフチェックリスト

☐ head内主要タグは最適化されていますか？

☐ 見出しタグは最適化されていますか？

☐ altタグ内に過剰にキーワードを盛り込んでいませんか？

☐ URLの正規化はできていますか？

☐ スマートフォンユーザーにとって見やすいサイトですか？

☐ パンくずリストは設定されていますか？

☐ エラーページの設定は正確に行えていますか？

☐ sitemap.xml、robots.txtを設置していますか？

☐ ページ送りを設置していますか？

☐ 構造化マークアップを設定していますか？

基礎的なSEOは、検索エンジンにサイトを正しく認識してもらうために必要なことです。

■ Wordpressのテーマが最適ではなかった

　誰でも簡単にコンテンツ更新ができるようになる、CMS。CMSの中でも、利用ユーザーが圧倒的に多いのが、WordPressです。特に個人でサイト運営を考える場合、ほとんどの方がWordPressを活用しているのではないでしょうか。しかし、WordPressには大きな落とし穴があります。

　WordPressは、デザインやUIを誰でも簡単に変更できる、テーマファイルが世にたくさん出回っています。企業が販売している有料のものもあれば、無料のものもたくさんあります。テーマファイルを選択する際は、デザイン性などで安易に選択しまいがちです。しかし、WordPressでコンテンツマーケティングを行う場合、このテーマファイルの選択が非常に重要なのです。

- レスポンシブ対応していないテーマファイルだったので、スマホ対応できていなかった
- SEOが考慮されていないテーマファイルだったので、titleやh1が固定ロゴに設定されていた
- ディレクトリ構造に課題のあるテーマファイルだった

など、運用開始後に信じられないトラブルが発生することもあります。WordPressのテーマファイルを選択する際は、「無料だし、かっこいい！」など、見た目だけで安易に決めないようにしましょう。無料で良いテーマファイルももちろんたくさんありますが、Web制作会社やWebマーケティング会社が販売している、きちんとしたテーマファイルを購入するというのもひとつの手です。結果的にコストを抑えることができる可能性もあります。

■ カテゴリやディレクトリ構造が適当

　コンテンツマーケティングをはじめる際、サイトに必要なコンテンツは何なのか、全体設計をしてからひとつ一つのコンテンツ制作に取り掛かるのがベストです。しかし、全体設計の無いままコンテンツを作りはじめてしまった、というケースも実はよくあります。全体設計をしなかった場合に起こりがちなのが、コンテンツのカテゴリやディレクトリ構造が適当になる、という問題です。

- コンテンツを作っていくうちに、該当するカテゴリが無くて突発的にカテゴリを増やし続けている
- 似たようなカテゴリが複数できてしまって、内容がどちらともつかないコンテンツが存在している
- 特定のカテゴリのコンテンツ数が一向に増えない

など、コンテンツの整理ができていない状態のサイトはよくありますよね。

　本来Webサイトは **02** のように、ピラミッド状にコンテンツを枝分かれさせていくことが理想です。特にディレクトリ構造は、運用開始後に修正するとなると、大きなシステム改修や大量のリダイレクトが必要になる場合もありますので、あらかじめしっかり設計しておきましょう。

02 理想的なカテゴリ・ディレクトリ構造の例

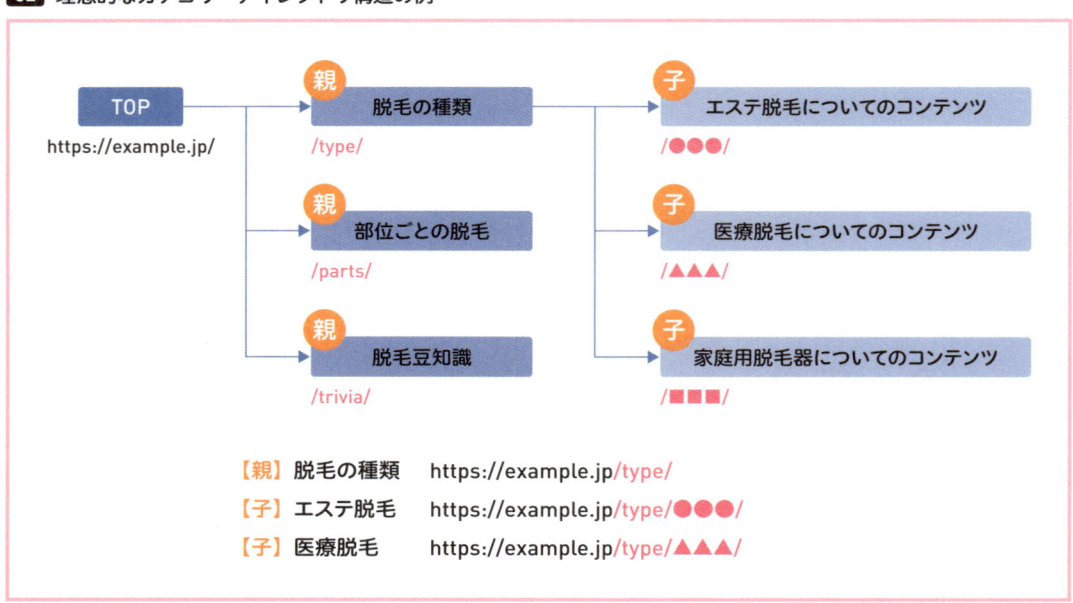

□ パーマリンクが適当

コンテンツひとつ一つには、個別のURLが存在します。 **03** の赤枠内のような、URLの末尾部分のことをパーマリンクと呼びます。このパーマリンク部分を「数字の羅列」、「記事更新の日付」、「自動で吐き出される意味のないアルファベットの羅列」など、適当に設定しているサイトをよく見かけます。URLなんて別に何でもいいだろう、と思うかも知れませんが、ユーザビリティやSEOの観点からは、適当なURLの設定はあまり良くありません。

ユーザーは、サイトの現在地を把握したりするために、URLを見ています。検索エンジンも同様で、パーマリンクに設定された文章自体も理解しています。つまり、パーマリンクが意味の無い数字やアルファベットの羅列だった場合、URLからコンテンツの意味を理解できないのです。パーマリンクは、短く端的にコンテンツの内容を伝えることができる英語で構成しましょう。

最近では、日本語URLに設定しているサイトも増えてきました。日本語URLがSEOにおいて必ずしも不利になるとは言い難いのですが、日本語URLはリンクとして表示させた場合、パラメーターと呼ばれるアルファベットの文字羅列に変換されてしまいます。パラメーターは長く分かり辛いですし、英語のURLの方がおススメです。

03 パーマリンクとは

悪いパーマリンクの例

https://example.jp/type/000158/

良いパーマリンクの例

https://example.jp/type/How to make origami/

赤枠のような、URLの末尾部分をパーマリンクと言います。

CHAPTER 3で紹介している内容をきちんと押さえておき、常にチェックするようにしましょう。

コンテンツの企画に問題がある

サイトに大きな課題がないのに、思うような成果が得られない場合、コンテンツの企画や作り方に問題があるのかも知れません。コンテンツマーケティングで多くの企業がつまずくポイントを紹介していきます。

■ ターゲットが広く曖昧

コンテンツを作る際は、「誰に情報を届けたいのか」というところからペルソナを考えるという話をしました。しかし、このペルソナを作る際、ターゲット像が広く曖昧になってしまうと、コンテンツの効果が半減してしまいます。

とある化粧品販売会社で、半年間ほどコンテンツ制作している

にも関わらず、成果がまったく出ないといった相談を受けたことがあります。原因を特定するために、ターゲットユーザーについてヒアリングすると、「ターゲットは20代から50代の女性」という答えが返ってきました。そして、実際にコンテンツを見てみると、「ニキビの原因」や「しわについて」というコンテンツを制作していました。これでは、本当にニキビやしわで悩んでいる人に響きません。

そこで、ターゲットをもっと掘り下げ、ターゲットがどういったことに悩んでいるのかをヒアリングし、記事の再設計を提案しました。例えば、「しわ」をひとつとっても「目元のしわのケア方法」、「ほうれい線ができにくくなるフェイスマッサージ」など、部位まで訴求するようにしたり、「30歳から出てきたあごニキビ」など、年代を絞るようなコンテンツに作り変えていったのです。そうすることで、徐々に集客も増え、売上を伸ばしていきました。

このように、ターゲットユーザーが広く曖昧な状態だと、本質的にユーザーに刺さるコンテンツを作ることができないので、注意しましょう。

■ ユーザー視点ではなく、企業本位になっている

ユーザーにとって有益な情報がどうかではなく、完全に企業の都合で作られた、宣伝色の強いコンテンツはユーザーから嫌われやすいでしょう。

- ■ アフィリエイトサイトやECサイトではよくある、コンテンツの最中にやたらと商品PRを挟んでくるコンテンツ
- ■ お役立ち情報だと思って読んでみると、商品のステマのような内容になっているコラムコンテンツ
- ■ 途中から完全に製品紹介になっているホワイトペーパー

などは特に注意が必要です。宣伝色の強いコンテンツばかりでは、ユーザーの心が離れていってしまいます。コンテンツの役割にもよりますが、初回接触を担うコンテンツでは特に、あまり企業本位の内容にならないようにしましょう。

■ 検索ニーズのないコンテンツばかり作っていた

　ユーザーがどんな言葉やキーワードに興味があるのか。どんな組み合わせで検索をするのか。いわゆる「検索ニーズ」について考慮してコンテンツを作ることは基本中の基本です。ユーザーにとってまったく興味のない言葉を使ってコンテンツを作ったとしても、コンテンツがユーザーの元に届かない可能性があります。

　例として、とあるサプリメントメーカーのケースをご紹介します。このサプリメントメーカーでは、ブランディングのためにオウンドメディアを作り、サプリメントで使用している成分や、美容に関する情報提供を行っていました。しかし、大量のコンテンツを公開しているにも関わらず、思うような流入が獲得できず、苦戦していました。

　コンテンツを見てみると、「あの魚に秘められたパワーとは」など、検索ニーズをまったく考慮していないコラムコンテンツが展開されていました。内容自体は、「DHA・ドコサヘキサエン酸」のコラムで、専門家の先生が書いた面白い内容ではあるのですが、ユーザーの興味がそそられるキーワードを使っていなかったことで、損をしているような状態でした 04 。

　DHA を使ったサプリメントに関心のある人は「魚 パワー」などのキーワードでは検索をしないでしょう。きっと「美容 成分」「DHA 効果」などのキーワードを使います。このように、検索ニーズを考慮せずにコンテンツを作っていると、どんなに素晴らしい内容のコンテンツを作っていたとしても、大きな機会損失を起こすのです。コンテンツの企画を行う際は、きちんと検索ニーズを考慮したキーワードを使っていきましょう。

04 キーワード別の月間検索ボリューム

キーワード	月間検索ボリューム	
dha 効果	3,600	
dha	18,100	
魚 パワー	10	
美容 成分	390	

■ 検討フェーズに合わせたコンテンツ設計ができていなかった

　コンテンツマーケティングに取り組んでいるが、集客用のお役立ちコラムしか作っていない、という方は「集客はできているが、CVが増えない」という悩みを持っているのではないでしょうか。カスタマージャーニーやコンテンツの種類のところでも話しましたが、コンテンツにはさまざまな種類があり、得意な役割も異なります。検討フェーズに合わせたコンテンツ設計ができていないと、全体の成果のバランスが悪くなってしまう可能性があります。

- 集客用に「お役立ちコラム」
- 実名化するために「ホワイトペーパー」
- 見込み度を上げるために「メルマガ」
- 比較検討で勝つために「成功事例」

というように、検討フェーズに合わせて、さまざまな役割を持つコンテンツ企画をまんべんなく行っていきましょう。

■ 継続的なコンテンツ配信ができていない

　コンテンツマーケティングが軌道に乗っている企業からすると、言う必要があるのかというレベルの、ものすごく当たり前なことだと思います。しかし、実はコンテンツマーケティングが失敗する主な原因がこちらです。

- 専任担当がいないため、片手間でやっているので優先順位が低い
- 社内で理解が得られず、放置されてしまった
- 一定の成果が得られたため、更新を取りやめた

など、さまざまな理由があると思います。しかし、「更新性」はコンテンツマーケティングを成功させるために重要なポイントのひとつです。更新の止まっているサイトを頻繁に見に来る人はいるでしょうか。競合が登場して、ユーザーを獲られるかも知れません。

　短期的な成果だけを見て、成果が出なかったと更新を止めてしまわないでください。一度作ったコンテンツは大切な財産です。コンテンツマーケティングを失敗で終わらせないために、定期的にコンテンツ更新ができるような運営体制を作っていきましょう。

■ 効果測定をせず、ダラダラ運用している

　コンテンツマーケティングを実践するのは、非常に工数がかかります。コンテンツを企画して、場合によっては社内で企画会議を行い、ライティングやリライトを行い、画像を購入して加工、体裁を整えつつ投稿作業をして公開。ひとつのコンテンツを作るだけでも大変な作業ですよね。

　新規コンテンツの作成のため、日々膨大な量の作業をこなしていると、過去に配信したコンテンツの修正にまで手が回らないという方もたくさんいると思います。しかし、新しいコンテンツを作るよりも、過去のコンテンツをブラッシュアップする作業の方がとても簡単で、また成果が出るのも早いでしょう。分析自体は定型化して素早く完了させ、ブラッシュアップを定期的にできるようにしましょう。

　また、分析結果から有効なコンテンツを割り出すことで、新規コンテンツ企画にも活かすことができます。

　効果測定をせずにダラダラ運用を続けていると、ほんの少し修正するだけで効果が最大化できるコンテンツがもったいない状態で放置されたり、成果の高いコンテンツが何なのかわからないという状態に陥ります。

　月に1日だけでもいいので、過去のコンテンツに向き合う時間を作りましょう、そうすることでコンテンツマーケティングの効果がどんどん高まっていくでしょう。

section 04 成功企業インタビュー BtoB 「サイボウズ式」

「サイボウズ式」は、クラウドベースのグループウェアを提供する、サイボウズ株式会社が運営するオウンドメディアです。会社や組織のあり方、多様な働き方や生き方について、さまざまなコンテンツを配信しているメディアなので、ご存知の方は多いと思います。このメディアではどのようにコンテンツを展開しているのでしょうか。

「サイボウズ式」 https://cybozushiki.cybozu.co.jp/

CHAPTER 4

コンテンツマーケティングの成功事例から学ぶ

「サイボウズ式」編集部へのインタビュー

　就職活動中。働き方に悩んだとき。新しくリーダーになったとき… 社会人の方なら誰でも一度は「サイボウズ式」を目にしたことがあるのではないでしょうか。人生においての気付きを与えてくれる「サイボウズ式」のコンテンツは、濃厚なテーマと読みやすいテキストで、多くのファンを獲得しています。そんな面白いコンテンツの裏側には、必ず素晴らしいコンテンツ企画者がいるものです。

　コンテンツを作る裏側から"コンテンツマーケティング成功の秘訣"をひも解くべく、「サイボウズ式」編集長の藤村能光氏と広報チームの山見知花氏にインタビューを行いました。

サイボウズ式の運営体制は？

　現在の人数構成としては、正社員7名、学生のアルバイトが3名、合計10名で運営を行っています。大人数だと思われるかも知れませんが、実は「サイボウズ式」には専任担当がいないんです。全員が別のメイン業務を持ちながら、「サイボウズ式」の編集チームに入ってもらっています。

　編集部では、主にコンテンツの「企画」を担っており、記事の執筆・写真撮影・記事の編集については、外部のパートナーにご依頼をしています。"どういう人に"、"どんな想いを持って"、"どんなメッセージを届けたいのか"。コンテンツの肝となる企画に

全力を注げるようにして、執筆や写真撮影などはプロに任せているのです。

　更新本数については、月に何本と明確には決めていません。いい企画が出れば、出ただけ作っていきます。ムラがあってもいいですし、縛りを作らないほうがむしろ人間味がある感じがします。更新本数については、社員の間でもよく話題に上がるんです。「お、今月は更新多いな」とか、逆に「全然更新無いな」とか。他のプロジェクトが忙しすぎて月に1本も出なかったときがあったのですが、そのときは読者から心配の声をいただくこともありました（笑）

写真へのこだわり

　写真については、プロの写真家さんにお願いをして撮影しています。読者は、きちんとコンテンツを見てくれています。それはコンテンツに使用されている写真もそうで、写真ひとつでも、良いものを作っているのか、そうでないのかを判断されることもあると思います。写真は、メディアがどういうものなのかを判断する基準になりえる、ブランディングの重要な要素だと考えています。

　「サイボウズ式」では、メインの画像は特にこだわ

りを持っています。コンテンツは、タイトルとアイキャッチが本当に大切です。興味を持ってもらえるのかどうか、9割はそこで決まっていると言ってもいいくらいだと思います。どんなに良いコンテンツを作っても、届かなければ意味が無い。そのコンテンツが無いに等しいものとなってしまいます。

　想いを伝えるために、メインビジュアルとタイトルは大切にすべきですよね。

タイトルのキーワード設計

「サイボウズ式」では、よくある「コンテンツのタイトルに検索キーワードを入れる」というような、SEO的なことはあまりやっていません。それは、問題解決型のメディアだったら、必須だと思います。読者が問題を言語化できているから、検索する課題に対して、アンサーを提供してあげることができますからね。

しかし「サイボウズ式」は問題提起型のメディアです。社会がまだ課題として認識していない、でもみんなが実はモヤモヤしているような問題について、読者に考えてもらえるようなテーマを提起するコンテンツが主流です。そのため、読者は課題認識をし

ていないので、検索キーワードを狙うということが、実はあまり意味が無いんです。

ただ、SEOは意識していないですが、流入チャネルとしては検索流入が6割です。積み上げたコンテンツが資産になっています。

「サイボウズ式」のコンテンツは非常に濃厚なので、サラッと情報収集したいタイミングだと重いかも知れません。SNSでフォローしている第三者から、コメント付きで流れてきて、それを読んだときの方が刺さりやすい。自分の興味関心のある人が面白いと思った情報なわけですからね。お墨付きと言うか。

KPIと効果測定

実は、「サイボウズ式」にはKPIがまったくありません。それを言うと、すごくびっくりされるんですけど（笑）

KPIがあったほうがわかりやすいところもあるとは思います。これだけのコンテンツを配信して、これだけの数値的な成果が出たとか。社内的な評価も得やすいですよね。ただ、「サイボウズ式」はメディアを通じてサイボウズの価値観をメッセージとして

伝えていくことが最大の目的としています。「PV」や「UU」など、Googleアナリティクスを使って数字を見ることはもちろんできますが、それを見て、"サイボウズの価値が伝わったのか"、"サイボウズのファンになったのか"、という読者の感情的なところは見えないですよね。そういった部分は、GAの数字だけでは見ることが難しい。

また、そもそも「サイボウズ式」の編集チームは

kintone

kintone（キントーン）は、サイボウズ株式会社が開発・販売している業務システム（業務アプリ構築クラウドサービス）で、さまざまな業態に応じたカスタマイズが、専門家でなくても簡単にできるのが特徴です。「サイボウズ式」のグループワークに自社でも使用しているとのこと。

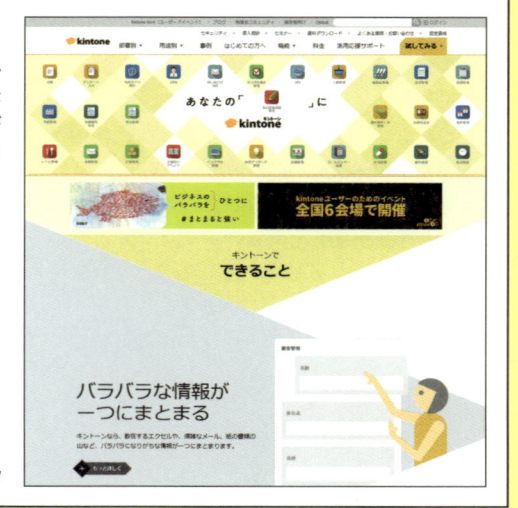

https://kintone.cybozu.co.jp/

Googleアナリティクス

Googleが提供するアクセス解析ツールで、流入元や流入キーワード、ユーザーの属性、閲覧ページ、CVを分析することができる（CHAPTER 3 section 03参照）。

Webマーケティングの専任チームではないので、「Web解析」がすごく得意というわけではありません。できないことは無理にやらなくていい。そこに時間をかけるよりも、良いコンテンツを作るための企画に時間を割きたいと考えています。

私達は、コンテンツの効果測定として、Googleアナリティクスのデータではなく、読者からの反響を見ています。SNSでどんな感想をつけてつぶやいてくれているのか。どういう方が反応してくれているのか。kintoneの中のスペースでコメントを出し合って、社員全員でコミュニケーションを取っています。自分たちの作った企画がどういう人に伝わって、それを何と言っているのかを知ることで、次の企画の活力になります。

企画のポイント

「サイボウズ式」では、企画を立てるときに、まず「誰に何と言ってもらいたいのか」という企画のコンセプトを考えます。コンセプトを定めることがすべての企画のはじまりです。

「サイボウズ式」全体の想定読者は20代30代で、これからリーダーになる、もしくはリーダーになったばかりのビジネスパーソンです。でも、すべてのコンテンツをこの想定読者に届けようとすると、範囲が広すぎて、刺さり辛いぼやけた記事になってしまいますよね。

そのため、ひとつ一つの記事ごとに、伝えたい"想定読者"をきちんと決めて、この記事をこんな人に読んでもらって、こう言って欲しい、という"バリュー"まで落とし込みます。

一般的には、コンテンツマーケティングの目標や成果を「PV」や「UU」といった数値で定めて、効果測定していたりしますよね。リード獲得が目的のオウンドメディアや、サイト上で売上を作っているようなECサイトの場合、数字目標はあってしかるべきなので、否定する気はまったく無いです。

「サイボウズ式」では、数字を伸ばすために、コンテンツを量産・拡散するという方針は採っていません。その先にいる読者ひとりひとりに届けているので、"こういう人のこういうことに役立った"という実感がある方が企画を作るときの力になります。

もちろん、そうやって作ったコンテンツが、結果としてPVが伸びるというのは、いいことだと思います。でも企画立案のときに、"どうやってPVを伸ばすのか"と考えるよりも、"この情報をこんな人に届けたい"というところを考えるほうが健全と言うか。

"コーポレートブランディング"、"サイボウズの価値を伝えたい"、"企業価値を高めたい"、"それによって採用で良い人にきて欲しい"。それが目的なので、サイボウズ式にはPVの要素は要らないんです。1万人に読まれることより、100人がすごく興味を持って読み進めてくれて、その中からサイボウズのファンになって面接に来てくれる方が嬉しい。販売促進を入れていないのが「サイボウズ式」の肝だと思っています。

実例から成功の秘訣を学ぶ

04

成功企業インタビュー **BtoB** 「サイボウズ式」

なぜ「サイボウズ式」を立ち上げたのか

「サイボウズ式」を立ち上げる前、サイボウズには大きな経営課題がありました。立ち上げた2012年から遡ること5年間、会社の売上がずっと横ばいになっていたんです。広告宣伝への投資は継続していましたが、それでも売上が横ばい状態でした。

その当時、サイボウズでは企業の情報システム部門を中心にグループウェアの販売を行っていたのですが、このまま情報システム部門だけにコミュニケーションを取っているだけではなく、市場を開拓していかないといけない、という強い想いがありました。

しかし、新しい市場に対して「グループウェアは良いですよ」と言っても、なかなか興味を持ってもらえるわけではないので、まずはサイボウズを知って、好きになってもらうところからはじめる必要がありました。

でも広告宣伝だけでは、新しい市場で関係構築をすることは難しいですよね。その当時、「オウンドメディア」という言葉が日本で知られるようになってすぐの頃だったと思うんですが、新しい市場とのコミュニケーションを取るのに最適だということで、「じゃあやってみようか」と。

また、これまでのマーケターの業務は、広告宣伝が中心でした。でも、コンテンツを企画したり、ライティングしたり、効果測定をしたり、という一連の作業って、実はとても重要なスキルなんですよね。マーケターに限らず、必ず役に立つスキルなんです。コンテンツマーケティングに取り組むことは、社内のマーケティング人員の教育にもなる。そういった意味でも、良い手段がオウンドメディアでした。

立ち上げ当初の課題

「サイボウズ式」の立ち上げは3人のメンバーで行いましたが、メディア運営の経験者は1名だけでした。ほとんどのメンバーはコンテンツ企画・制作の初心者です。未経験でノウハウが無いので、コンテンツ企画が本当に大変でした。はじめはもちろん結果も出辛いので、そういったところもしんどかったですね。

ただ、メディアは立ち上げてすぐに成果出るわけではない、というのは社内でわかってもらっていて。「何やってるんだ」とか言われることはまったくなかったですね。会社の経営課題のための取り組みということが共通認識としてありました。

もちろん編集部ではそれに甘んじず、企画に社内を巻き込んでいきました。オウンドメディアが現在どういう状況なのか、どういう効果が出ているのか、というのを社内共有することもよくやっていました。

メディア運営は裏側の作業を知らない人からすると、やっぱり「何やってるの？」って思われてしまいがちです。オウンドメディアの運営は社員の応援があってこそのものなので、社内を巻き込んで、みんなでより良くする気持ちを持つことが大切だと思います。

もしサイボウズ式をやっていなかったら

変わっていただろうと思います。コンテンツを通じて、読者とコミュニケーションを取って、ということができていなかったら、広告宣伝にもっと費用をかけてやらざるを得なかったかも知れないですね。

また、記事作成にあたりいろんな企業の方へインタビューをさせてもらっているのですが、これは「サイボウズ式」という自社メディアが無ければ実現しなかったことです。立ち上げ当初に社長の青野が、

「メディアを持ってなかったら、こんなにいろんな人に会って話を聞くなんてできないよね」と嬉しそうに言っていたことを非常によく覚えています。

採用でも非常に良い成果が出ています。ありがたいことに、サイボウズに面接に来てくれる人は、ものすごくたくさんいます。そのほとんどの方は「サイボウズ式」の記事を読んでくれているんです。サイボウズを好きになって入社してくれるというのは

とても大事なことです。また、「サイボウズ式」ではサイボウズ社内のこともよく記事にしているのですが、嘘をついたり、情報を盛ったりしていないので、入社後のギャップが少ない。

「サイボウズ式」はどんなことも隠さずに、ありのままを見せています。コンテンツを出すときに、嘘をついたり、情報を盛ったりすることはしない。いいところも悪いところも、ありのままをできるだけお化粧せずに出していく。嘘はSNSですぐにバレる時代ですから、それが価値になります。"正直"。これが大事だと思います。

コンテンツやオウンドメディアは、PVなどの数字だけでは測れない価値があります。そこまで織り込んでメディアを見てあげて欲しいですね。

「サイボウズ式」の新しい取り組み

時代に合わせて配信手法を変えることは、絶対に必要だと思います。数年前に比べると、最近は記事（のテキスト）を読む人が減っている気がしています。若い人は特にそうで、YouTubeやTikTokなど、動画がすごく流行っていますよね。「サイボウズ式」のメインは記事コンテンツなので、それを減らすつもりはありません。しかしコンテンツの届け方は読者に合わせるべきだと思うので、柔軟に対応していきたいと考えています。

「サイボウズ式」の記事はボリュームがあるし、テーマが重いこともあります。それが漫画になるとマイルドになったりするので、漫画のコンテンツを作ってみたり。後は、動画でのコミュニケーションはこれから注力していくつもりです。

例えば先日、広報部門と一緒に企画して動いたのが、「新しい株主総会のあり方」というテーマの動画コンテンツです 01。株主総会で、舞台上に株主さんに登壇いただき、サイボウズの社長・副社長と対談するというものなのですが、どうしても文字だけの記事では伝えきれないので、動画で配信してみました。他にも、読者の方とスタジオで対談して、それをYouTubeのチャンネルでライブ放映したり。動画を使ってどういったコミュニケーションができるのか、模索している最中ですね。

01 株主総会の動画コンテンツ

https://cybozushiki.cybozu.co.jp/articles/m005318.html

また、グローバルブランディングの一環として「kintopia」という英語のメディアを立ち上げました **02**。「サイボウズ式」と同じようなデザインになっていて、翻訳記事を掲載しています。加えて

「kintopia」でも独自のコンテンツを作り、「サイボウズ式」に和訳記事として掲載する取り組みも進めています。これもコンテンツを起点にした、サイボウズ式の新たなチャレンジです。

02 「kintopia」

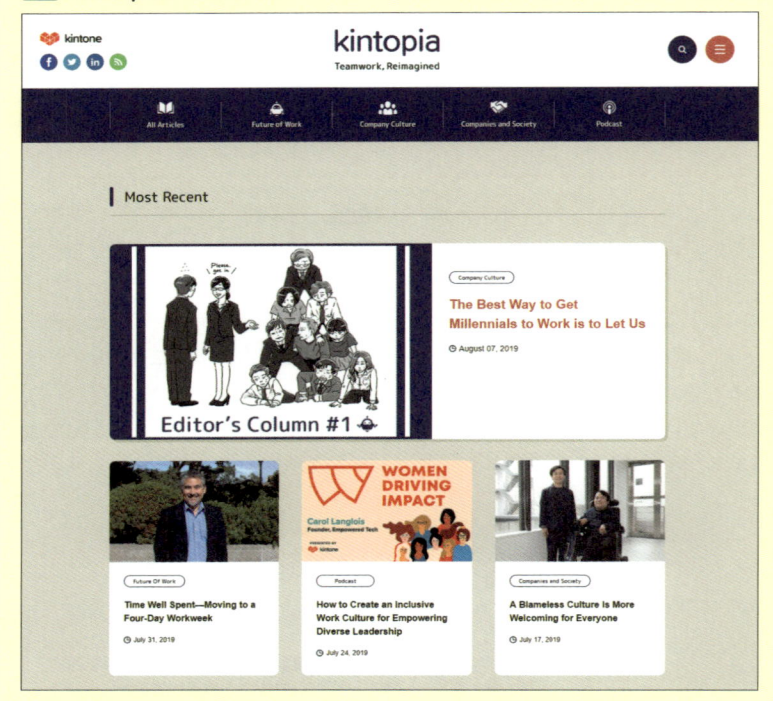

https://kintopia.kintone.com/

さらにメディアという枠を飛び出して、読者の方と編集部で一緒に活動するコミュニティ「サイボウズ式第2編集部」も運営しています。「サイボウズ式」がどんな人に読んでもらえているんだろう、という

個人への興味を突き詰めた結果ですね。コンテンツを発信するだけではなく、動画やグローバルやコミュニティなど、メディアの輪郭が徐々に広がっています。

メディア運営・コンテンツマーケティングにおいて最も大事だと思うこと

最も大事なことは、"自分たちが楽しむ"ということだと思います。コンテンツを読むことは、勉強的な意味合いももちろんありますが、突き詰めると道楽みたいなものです。オウンドメディアの中の人が楽しまないと、読者が楽しくない。「仕事だから」、「会社から言われているから」って思ってしまうと、そのコンテンツの面白さは読者に伝わらない。自分

たちが楽しんで作っているか、伝えたいと思っていることが企画に反映できているのかということを大切にするべきじゃないですかね。

「サイボウズ式」でも、コンテンツ企画の際に、「どうしてこの企画をやりたいのか」を必ず聞いています。それが無くても企画を動かすことはできます。でも、企画側の想いというのは、読者に必ず届くんです。

とある新人社員が、「教師の世界では、働き方改革は遅れている」という内容の企画を出したんです。その方はご両親が小学校教師で、いつも夜遅くまで仕事をしているのを目の当たりにしていたから、どうしてもこれを社会問題として提起したかった。この記事は公開後、多くのコメントが寄せられる人気コンテンツになっています。これだけ愛され続ける記事を生み出すには、企画側の想いがあるからなんです。

1記事に対してここまでやる。企業に属してメディアを運営するとなると、どうしてもお仕事だという気持ちになってしまうんですが、自分たちが楽しむことを忘れないようにしたいですね。

「サイボウズ式」編集部からのアドバイス

現在はたくさんのオウンドメディアが乱立しています。ありきたりな情報を得るためだけなら、わざわざ新しくオウンドメディアを作ったり、自社でコンテンツマーケティングをはじめる必要は無いですよね。コンテンツ企画の際は、他のメディアじゃなくて、自社にしか提供できないことは何なのかを考えてみてください。独自性の高いコンテンツほど価値があります。

最近では、有名なオウンドメディアが閉鎖したり、更新が止まってしまうケースもよく目にします。立ち上げてすぐに諦めてしまうのはもったいないです。コンテンツ制作やメディア運営というのは、やればやるだけ自社の資産として蓄積されていきます。広告は出したら終わりですが、コンテンツはずっとWebに残り続ける。

PVやUUといった数字も大切ですが、会社の価値を高めているんだという認識をぜひ持ってください。

コンテンツの仕事は、やりがいのある、価値のある仕事です。苦労してコンテンツを生み出す能力というのは、ものすごく価値がある。ぜひそういったお仕事をされているなら、メディアを作ってよかったな、楽しかったな、と思って欲しいと思います。愛を持って粘り強くコンテンツを作ってください。

section 05 成功企業インタビュー BtoB BtoC 「Kinko'sのお役立ちコラム」

キンコーズ・ジャパン株式会社は、ポスター印刷やチラシ印刷などの印刷・コピーサービスを中心としたソリューション事業を展開する企業です。そのサービスサイトの中で、「Kinko'sのお役立ちコラム」というメディアを持っています。法人・個人両方の顧客を持つこの会社では、どのようにコンテンツマーケティングを展開しているのでしょうか。

「Kinko'sのお役立ちコラム」　https://www.kinkos.co.jp/wp/column/

キンコーズ・ジャパン マーケティング部へのインタビュー

　同社の顧客にはさまざまな人々が存在します。例えば店舗スタッフの方は、お店で使うチラシやポスターを印刷したり。営業の方は、出先で急ぎの名刺や資料を印刷したり。同人活動をされている方は、コミケ前に同人誌を作りに行ったり。この本を読んでいるあなたも、キンコーズのお店に足を運んだことはありませんか。

　お仕事でもプライベートでも大活躍のキンコーズは、北海道から九州まで、日本各地に店舗を持つ印刷屋さんです。店舗でのBtoC業務の他にも、企業に対してサービス提供を行うBtoB業務も行っています。

　キンコーズでは、サービスサイトの中でコンテンツマーケティングを行い、大きな成果を出しています。競合も非常に多い業界において、コンテンツマーケティングで成果を上げているポイントは何なのでしょうか。Webサイトの運営管理担当者をしている、マーケティング部の杉山隆氏にインタビューを行いました。

https://www.kinkos.co.jp/

Webサイトの運営体制は？

弊社は、全国で57店舗ある、キンコーズブランドの店舗を運営しております。Webサイトでは、取り扱い商品、サービス、および店舗情報などの基本的な情報から、サービスの利用方法や特長・強みなど、キンコーズを快適に利用していただくための情報について発信しています。

こういった商品やサービスに関するコンテンツについては、商品企画部門から情報提供を受けて作成しています。サービス利用方法などは、店舗運営部門からの情報提供を受けてコンテンツを作っています。店舗にいるからこそ気づける部分もたくさんありますので、そこは部門の垣根なく、情報共有をするようにしています。今後は、法人対応を強化していきたいと考えているため、法人営業部とも連携強化

していく予定です。

また、コンテンツマーケティングへの取り組みとして、同一サイトの中で「Kinko'sのお役立ちコラム」というコラムコンテンツの配信も行っています。この「Kinko'sのお役立ちコラム」についても、マーケティング部で取りまとめを行っています。

コンテンツの制作体制としては、マーケティング部内のメンバーでテーマや企画を決め、実際のタイトル出しやライティング・効果測定をパートナー企業に依頼しています。パートナー企業とは、毎月打ち合わせを行い、密に連携を取っています。また、今後のテーマ決めについては、こちらも法人営業部とも連携していく予定でおります。

なぜ「Kinko'sのお役立ちコラム」を立ち上げたのか

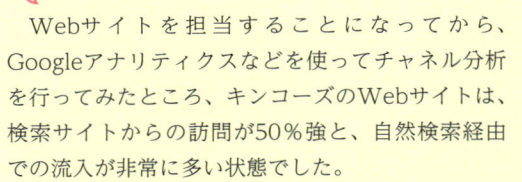

Webサイトを担当することになってから、Googleアナリティクスなどを使ってチャネル分析を行ってみたところ、キンコーズのWebサイトは、検索サイトからの訪問が50％強と、自然検索経由での流入が非常に多い状態でした。

しかし、検索クエリについて見てみると、「キンコーズ」、「kinkos」など、ブランド名での指名検索ばかりということに気が付きました。つまり、Webサイトに来てくれている多くのユーザーが、キンコーズのことをすでに知っている人だったんですね。ということは、まだキンコーズのことを知らない、潜在顧客の流入を獲得できていなかったということになります。

キンコーズは、印刷業界の中でも店舗展開を特長としたポジションを取っているので、Webサイトの一番の役割も店舗送客です。「外出中で急に資料印刷が必要になった営業の方」、「飲食店のメニューを印刷したい店舗スタッフの方」など、課題を抱えた人がWebで検索をした際、キンコーズのサイトを見つけて、店舗に足を運んでもらいたいと考えました。店舗客数を増やすために、ブランド名の指名キーワードだけではない、新しい訪問者が欲しかっ

たんです。

しかし、指名キーワード以外のキーワードを強化したいと思っても、現在のWebサイト上のコンテンツだけでは、自社の商品・サービスに関連するキーワードまでしか展開ができません。サービス紹介で使用する言葉だけでは限界を感じていました。もっと柔軟なコンテンツが必要だったわけです。

キンコーズを知らない、だけど、キンコーズで課題解決ができる。そんな潜在的なニーズを持った方を集客できる手段は何だろう、と考えたとき、最適だったのが課題解決型のコラムコンテンツでした。コラムという手段を使えば、テーマに沿って、さまざまなキーワードを盛り込むため、潜在層に向けたアプローチができます。

また、"お客様のお困りごとに応じて、印刷サービスを軸に課題解決ができる会社"というブランディングも行いたいと考えていました。オウンドメディアであれば、ブランディングもできるということで、同一サイトのディレクトリ配下ではありますが、TOPのデザインも独立した形式にして、「Kinko'sのお役立ちコラム」というコンテンツマーケティングをはじめたのです。

立ち上げ当初の不安

コンテンツマーケティングをはじめたばかりの頃は、きちんとしたコンテンツを継続的に制作できるのかという不安はありました。コンテンツマーケティングのネタ切れ問題はよく聞きますが、あまり有益ではない情報配信になってしまうのは避けたいと。コンテンツが、"キンコーズ"というブランドを毀損するようなことがあってはいけないので、立ち上げ当初は不安も多かったです。

しかし、不安とは裏腹に順調に運営はできていて、現在までに346記事ものコンテンツを展開できています。弊社が伝えたい内容でも、集客力の弱いテーマというものもあります。それをどう世に拡散するのかという部分はあるのですが、パートナー企業がキーワード選定などのサポートをしてくれることで、うまく企画ができています。

コンテンツマーケティングの成果やこれからの課題

コンテンツマーケティングをはじめる際、「潜在層のWebサイト訪問数を10％増加させたい」という目的がありました。これについては、かなりの成果がありました。

現在、「Kinko'sのお役立ちコラム」経由で、約4万セッションを獲得しています。さまざまなキーワードを使ったコンテンツを展開していくことで、指名キーワード以外の流入が増えたおかげですね。

もしコンテンツマーケティングを行っていなかったら、集客面で大きな遅れが出ていたと思います。現在は、7割近くが検索経由となるまで成長しています。また、Googleアナリティクスなどで明確に見えるわけではないので、数値として現せないのですが、ブランディング効果も実感しております。

ただ、元々想定していることではあったのですが、コラムコンテンツは直帰率が非常に高いので、コラムに訪れたユーザーを顧客として育成していくための施策も考えていく必要があるなと感じています。CTAバナーを貼ってみたり、動線設計を見直してみたり、まだまだやるべきことは残っています。

現在はBtoC向けのコンテンツを中心に企画を行っているので、これからは法人向けコンテンツの強化も課題になっています。コンテンツを使って、メールマガジンの配信を行ったり、Twitterなどの SNSを活用したり。MAを導入して、事例コンテンツや、裏メニューになっていた法人向けソリューションの展開なんかもしていきたいですね。

CTA

CTA（Call To Action）とは、「行動喚起」という意味です。ここではバナーからお客さんを導くことを図っています。

MA

MAとはマーケティングオートメーション（Marketing Automation）の略で、特にBtoBのマーケティングで、かつては営業スタッフなどが繰り返しで行なっていた定型的な業務や、複雑かつ大量の処理などの作業を自動化するしくみのこと。これを実現するソフトウェアのことを指す場合もあります。

メディア運営、コンテンツマーケティングにおいて最も大事だと思うこと

コンテンツマーケティングは、コンセプトや役割をしっかりと決めることが重要だと思います。ありがちですが、コンテンツマーケティングを実施する目的を"訪問数を集めること"だけにしてしまうと、展開する内容がブレていきます。

弊社であれば、コンセプトは「潜在層を集めること」、そして「ブランディング」。そのためのコンテンツの役割が「ユーザーの課題を解決すること」です。どんな目的でコンテンツマーケティングを行うのか、そのためにはどういったコンテンツを作っていく必要があるのかをあらかじめ考えておく必要があると思います。

Webサイト全体の運営も同様ですね。きちんと役割を決めて取りくむことが大事です。店舗のページの集客には、マーケティング部だけではなく、チームで取り組んでいます。店長インタビューなど、店舗スタッフと一緒に作ったページは訪問者が増えています。

また、コンテンツマーケティングはコンテンツを作るだけではなく、Webサイト全体的な改善まで視野を広げることで、成果が上がりやすくなります。キンコーズでも、ページ内の動線の改善や、問い合わせがしやすくなるように、EFOなども実施しています。こういった改善をしていったことにより、お見積もりの依頼が昨年対比200%にまで成長しました。

> **EFO**
>
> Entry Form Optimizationの略で、「入力フォーム最適化」を意味します。申し込みフォームなどを最後まできちんと入力してもらえる確率を高めるために、フォームそのものを改善する施策を指します。

キンコーズの新しい取り組み

キンコーズは、1992年2月に日本に1号店をオープンして以来、オンデマンドサービスのサプライヤー（ビジネスコンビニ）として多くのお客様のニーズにお応えしてきました。「プリント・製本・ポスター・名刺・封筒・DM」など、ビジネスシーンで必要な印刷物を、必要なときに必要な数だけオーダーできる。日本全国57店舗のネットワークを活かしたスピードと提案力を軸に、サービス提供をしてきました。

2019年2月、東京・新宿に「TSUKURU WORK」というコワーキングスペース 01 をオープンしました。キンコーズのこれまでのノウハウを生かした、今までにないコンセプトのコワーキングスペースとなっています。

キンコーズとお客様とのコミュニケーションの取り方はどんどん変化しています。店舗利用という、直接的なコミュニケーション。コンテンツマーケティングという、Web上でのコミュニケーション。これも新たなコミュニケーションの取り組みですね。

01 「TSUKURU WORK」

 TSUKURU

Top　　About　　News　　Location　　Service　　Price　　Event　　Faq

新着情報

時差Biz期間中、朝の最大２時間が500円でご利用できます。

オフピーク通勤応援！！出勤前に自分時間を作りませんか　（期間中は8時台のご利用がお得）
キンコーズの運営するコワーキングスペース【ツクル・ワーク】のご利用が朝限定で最大2時間500円に！
オフピーク通勤を申告していただいたお客様限定のキャンペーンです。

受付で「時差ビズ通勤してます」とお伝えください。

●対象期間：7月22日(月)～9月6日(金)　●対象時間：8:00～10:00　●対象営業日：月～金

対象のお客様限定で、期間中8:00～10:00までのご利用を500円で提供します。（最大2時間利用可能で50%OFF）
ご利用初回は会員登録が必要です。（要身分証明書）

1時間500円キャンペーン実施中！

時差BIZの詳しい情報はこちら
※外部ページにリンクします

カクヨム甲子園を応援してます
詳しくはコチラ

News

2019年7月30日
8月3日(土)はイベント開催の為、臨時休業致します

2019年7月1日
ニュースリリースを更新しました
ゲスト利用開始のご案内

@Tsukuru_kinkosさんのツイート

ツクル【キンコーズのコワーキングスペース】
@Tsukuru_kinkos
#夏期休暇明け も、関係なくお仕事を頑張ってる方💪#ツクル・ワーク は #土曜日も営業
20時までです🈺午前中は空いているのでねら

https://tsukuru.kinkos.co.jp/

section 06 成功企業インタビュー BtoC 「THE BAKE MAGAZINE」

「THE BAKE MAGAZINE」は、ベイクチーズタルトやプレスバターサンドなどの製菓製造・販売を行う株式会社BAKEが運営するオウンドメディアです。原材料の生産者へのインタビューや、目指す未来に共感できる企業、自社ブランドの開発ストーリーなど、食にまつわるさまざまなコンテンツを配信しています。それらがどのように成功に結び付いているのかを伺いました。

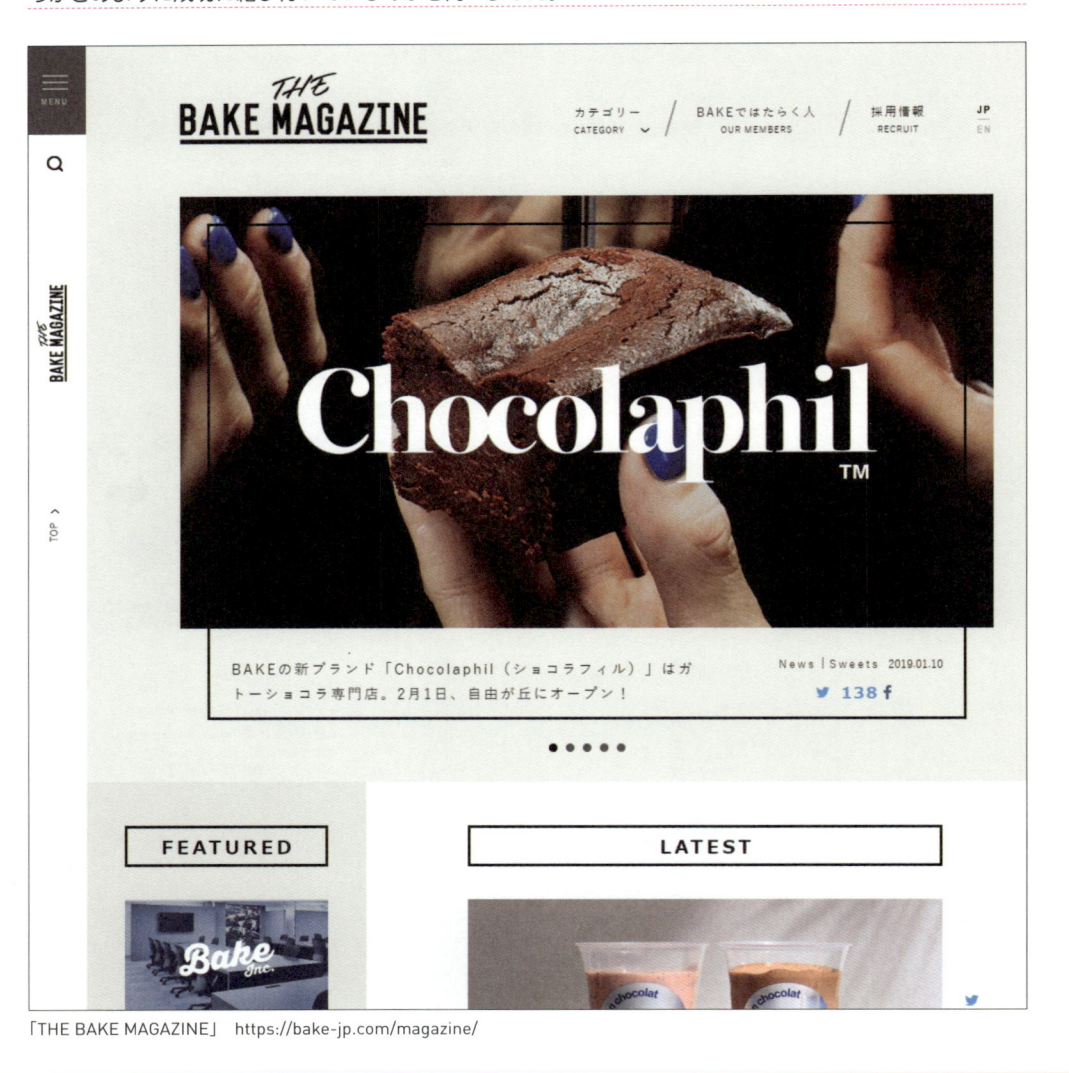

「THE BAKE MAGAZINE」 https://bake-jp.com/magazine/

「THE BAKE MAGAZINE」運営チームへのインタビュー

　池袋駅の構内を通られたことのある方で、ものすごく良い香りのするチーズタルト屋さんに吸い寄せられた経験はありませんか。また原宿の竹下通りで、ザクザクと美味しそうな音のするスティック状のシュークリームを食べている人を見かけたことはありませんか。株式会社BAKEは、「お菓子を、進化させる」という企業理念の元、ベイクチーズタルト（BAKE CHEESE TART）を中心に、さまざまな製菓ブランドを展開しています。筆者も大好きなお菓子屋さんです。

株式会社BAKEの美味しいお菓子

　株式会社BAKEでは、「THE BAKE MAGAZINE」というオウンドメディアの運営を行っています。BtoC業界では、オウンドメディアを運営していること自体は珍しくないですが、お菓子メーカーが運営して、ここまで注目を集めているオウンドメディアというのはとてもレアケースです。

　この大人気お菓子メーカーの裏側では、どのようにコンテンツ企画を行っているのでしょうか。メディアを運営する、メディア・イベントチームの名和実咲氏、広報室の北村萌氏、新井沙織氏、小幡眞里江氏にインタビューを行いました。

「THE BAKE MAGAZINE」の運営体制は？

　外部のパートナーを除けば、社内での担当は1名体制で運営を行ってきました。立ち上げ当初はインターンの学生さんが何名かいたのですが、現在はコンテンツの企画・ライティング・写真撮影・編集・最終的なアップ作業も基本的には1名で行っています。

　完全に内制だからこそ、大胆なコンテンツも作れますし、大型メディアにはないインパクトが出せたのだと思います。

　ただ、企業規模が大きくなったことや、これからはもっと「THE BAKE MAGAZINE」を盛り上げていくために、広報部門と一緒にメディアを運営していくよう、組織編成が変わる予定なんです。これまでも、経営者インタビューのコンテンツを作った際など、広報視点でのアドバイスをもらって、一緒にコンテンツを作っていくというようなことがあったので、これからの体制がとても楽しみです。

「THE BAKE MAGAZINE」が創った新しいコミュニケーション

　お菓子メーカーに限らずほかのメーカーもそうですが、メーカーが提供する情報って、割と業務的な内容が多くなりがちだと思うんです。「こんな新商品ができました」とか、「この駅に新店舗がオープンしました」とか。でも、「新ブランドを作りました」という業務的な内容の裏側には、いろいろなドラマがあります。

　本当の意味でBAKEを知ってもらおうと思うと、お菓子を作っている現場や原材料の生産現場だったり **01** デザイン部門やエンジニア部門といった中の人のことだったり。プレスリリースだけでは語りきれない、人間味を「THE BAKE MAGAZINE」があることで、BAKEのブランドに良い情報を肉付けしてくれています。プレスリリースには書けない失敗談も数えきれないくらいあります（笑）ある意味、

企業も人と同じで成功して嬉しいこともあれば、失敗して悔しいこともももちろんあるんですよね。失敗談を隠すのではなく、伝えることで企業から人間味を感じてもらいたいです。

　そういった"社外とのコミュニケーション"の部分で役立っているというのもありますし、"社内のコミュニケーションの潤滑剤"的な役割も果たしてくれています。例えば、店長さんへの人にインタビューを行うことで、店舗スタッフと交流ができたり、新ブランドの企画スタッフと一緒に生産者さんのところへインタビューに行くことで、本来直接的には関わらなかった人たちの交流のきっかけになったり。メディアが無ければ作れなかったコミュニケーションなのかな、と思います。

01 BAKEの北海道工場インタビューコンテンツ

お菓子工場の工場長って、どんな仕事？BAKEの北海道工場で聞いてみた

Business | Member　　　　　　　　　　　2019.02.07

https://bake-jp.com/magazine/?p=12909

コンテンツによるインナーブランディング

　ほとんどの店舗スタッフが「THE BAKE MAGAZINE」を見てくれているんですよ。なので、会社の想いを「THE BAKE MAGAZINE」で配信し

ていくことで、本社で働いているメンバーもお店で働いているメンバーにもきちんと情報伝達できるようになったのは大きいですね。

全社会議をしてスタッフ全員を集める、ということでもしない限り、たくさんある店舗のひとりひとりのスタッフにまで情報を伝えることって、なかなか難しいじゃないですか。オウンドメディアを通じてコンテンツ配信することで、みんなが読み物として楽しんで情報を取得している。会社がこういうことを考えて、ここを目指しているんだ、という会社のビジョンがスルッと伝わるんですよね。離れていても想いが共有できるようになったのは、「THE BAKE MAGAZINE」のおかげだと思います。

採用のところでも大きな成果がありました。面接に来ていただく方に「なぜBAKEを選んでくれたのか」を聞くと、ほとんどの方が「THE BAKE MAGAZINE」を読んでくれているんです。BAKE

の想いに共感して来てくれているので、入社後のモチベーションも高いですし、ギャップも少ない。

企業から配信される情報って、当たり前ですが成功体験が多いですよね。闇の部分を見せないというか。私たちは、普通だったら隠してしまうような裏話や失敗談も、包み隠さず全部さらけ出してコンテンツを作っています。キレイじゃないところも隠さずに見せているので、入社してからイメージと違った、ということが起こりにくいのかも知れません。

「THE BAKE MAGAZINE」が社員にとってとても身近な存在なので、コンテンツを通して社員がすごく会社を好きになる。インナーブランディングの面でもものすごい効果があることを実感しています。

KPIと効果測定

「THE BAKE MAGAZINE」はメディアで収益を上げているわけではないので、数値的な目標設定というものはありません。効果測定も、Googleアナリティクスのデータは見ていますが、レポーティングして会社に報告、ということは特にしていません。

PVがどうとか、そういう数字をシェアしたとこ

ろでなかなか理解されにくいということもあります。

なので社内への共有は、SNSでの実際の反響なんかを伝えるようにしています。「THE BAKE MAGAZINEのコンテンツが、Twitterでこんな風にコメントをつけて紹介されました」とかですね。

なぜ「THE BAKE MAGAZINE」を立ち上げたのか

いろいろな理由があるのですが、まずは単純にブランディングのためです。お菓子のスタートアップとして認知度が無い状態から、BAKEのことを伝えていきたい。何か伝える手段は無いかと考え

選択したのが"コンテンツ"、"オウンドメディア"でした。

BAKEでは元々、創業者の長沼が「IT×お菓子」という、新しいお菓子開発にこだわりを持っていました。オリジナルのデコレーションケーキをネット通販で購入できる「Click On Cake」というサービスや、写真をプリントしたケーキがスマホから簡単に注文できる「PICTCAKE」というサービス（これらのサービスは現在は終了）など、いままでに無い"IT

とお菓子を組み合わせたサービス"を開発したり。そんな先進的なお菓子屋さんになりたかったんですね。

そんな風にITやメディアといったものに対する興味が非常に高い状態だったこともあり、日本で話題になる少し前の段階で、オウンドメディアを使ったコンテンツマーケティングに取り組むことになりました。スタートアップですし、失うものも無い。また当時、ITスタートアップに注目が集まっていたということもあり、お菓子をITスタートアップの考え方を取り入れながらビジネスを展開していこうと、今までにない手法を実践するという決断をしました。

こだわり抜かれた美しい写真。

立ち上げ当初の課題

　やはりスタートアップなので、コンテンツ作りにはだいぶ苦戦しました。どういうコンテンツを作るべきなのか、指標もあまりありませんし、でも会社から伝えていきたいメッセージはたくさんある。いろいろな事情がある中で、うまくコンテンツとしてまとめていくというのは、大変ですよね。

　お菓子屋さんがメディアを通じて情報発信していくということ自体、前例がありませんでした。お菓子業界って、街のパティシエなんかを思い浮かべてもらうとご想像できるかと思いますが、職人気質で伝統を大切にしている企業が多い。Webサイトが無いようなお店もたくさんある。そんな中で、オウンドメディアという新しいチャネルを開拓していくことになるのは大変なことでした。

企画のポイント

　"コンテンツでお菓子の美味しさを表現する"って、簡単そうに見えて結構難しいんですよね。例えば、牧場の牛について取材したとしても、それだけでは美味しさとはつながらない。こだわって育成した牛から出たミルクがどうお菓子に変わっていくのかまでを追って、ようやく美味しさとの親和性が出るんです。ひとつの題材をとっても、どう見せていくのか次第というのが、難しい。

　オウンドメディアって、コンテンツの企画次第では、独りよがりになってしまいます。BAKEで働く社員を紹介するというのもそうですし、自分たちのこだわりを伝えるにしても、伝え方を間違えるとた

だの独りよがりになってしまう。

　一歩間違えると、「こだわり」、「おいしさ」と、言いたいことがてんこ盛りになってしまうので、ちょっとだけ距離を置いた視点から企画を行うことが大事ですね。

　後は、「店舗のインタビュー」とか、企業内のみで完結する情報をどうやって世に出していくのか。タイトルに使うキーワードひとつですごく悩んだり、練りに練って公開しています。「THE BAKE MAGAZINE」は運営人数が少ないので、一気にたくさんの記事を出せるわけではないです。月に2、3本程度です。そのため、"1記事入魂"という気持ちで企画をしています。

もし「THE BAKE MAGAZINE」をやっていなかったら

　ここにいるメンバー全員が「THE BAKE MAGAZINE」を見て入社したということもあって、なかなか想像がつかないですが…もしかすると、今ここにいるメンバーは、いなかったかもしれないですね（笑）

　「THE BAKE MAGAZINE」を実直に運営してきた結果、採用広報につながった。その効果は大きく、もし「THE BAKE MAGAZINE」が存在しなかったとしたら、BAKEを構成しているメンバーや、会社の雰囲気も全然違ったんじゃないでしょうか。

　BAKEは、名のあるパティシエがひとりではじめたブランド、というわけではないので、製造者の顔が見えません。そんな中で、"店舗のスタッフはこんな人"、"エンジニアはこんな人"、"原材料を作ったのはこんな人"と、中の人の顔が見えるようになることで、安心感をもってBAKEのお菓子を見てもらえる。「THE BAKE MAGAZINE」を通じて、BAKEのファンが増えたことで、ここまで成長できたんだと思います。

メディア運営、コンテンツマーケティングにおいて最も大事だと思うこと

　"BAKEらしさ"を失わないということを大事にしています。良い意味で、「拡散されるコンテンツを作ろう」という考え方はありません。もちろん、"らしくて拡散される"コンテンツならいいんですけど、"らしさ"を捨ててまで拡散を狙いたいかというと、そうではない。流行りに乗ることが重要ではなくて、BAKEの想いを適切に伝えていくことの方がもっと重要だと考えています。

　「THE BAKE MAGAZINE」は、たくさん本数が出せない中で、優先順位をつけてコンテンツを作っています。普通だったら、「売上につながること」から優先して取り組むと思うんですが、そうではなくて「お菓子のこと」、「デザインのこと」、「テクノロジーよりのこと」、「人のこと」と、「BAKEが伝えたいこと」と「読者の方が知って嬉しいこと」から取り組んでいます。

　優先順位が面白いですよね。"このコンテンツはこんな人に読んで欲しい"というのは、コンテンツを作る上で大切にすべきだと思っています。

これからの「THE BAKE MAGAZINE」

　広報のみんなで、新しい「THE BAKE MAGAZINE」を創っていきたいですね。会社も第二創業期に入ってどんどん大きくなって来ているので、オープンイノベーションをフックに、自分たちが共感したり、学びを得られそうだったりする企業とタイアップしていったり。

　日本も少しずつ進化してはいますが、"食にまつわるイノベーション"や"フードテック"という分野では、アメリカなんかに比べると三歩くらい遅れているんです。なので、「THE BAKE MAGAZINE」

が切り開いていって、ビジネス的にもヒントになるようなコンテンツを届けられたら嬉しいですね。

「THE BAKE MAGAZINE」を中心に、いろんな企業や個人、読み手のみなさんと、お菓子業界を活性化していけるような存在になっていきたいです。

「THE BAKE MAGAZINE」運営チームからのアドバイス

最近は、大手企業が運営するオウンドメディアが閉鎖になったりと、ネガティブな話題も耳にしますよね。自分がファンとして見ていたオウンドメディアが閉鎖になったときは、「こんな大きなメディアでもやめちゃうんだ」と、心がギュッとしました。

実は、「THE BAKE MAGAZINE」も休止をするという話が出たことがあるんです。でも、経営陣を含め、社内全体が「絶対にTHE BAKE MAGAZINEをやめたくない」と言ってくれたんです。それだけ、「THE BAKE MAGAZINE」が社内で重要な存在で、愛されていたんだな、と改めて知ることになりました。

私たちにももちろん課題はありますし、悩んでいる担当者の方も多いと思います。オウンドメディアやコンテンツマーケティングのKPIって、会社によってほんとにさまざまですし、思うように成果が出ないという時期もきっとあります。でも、一番大事な読者は、実は社内にいるんです。

うまくいかないな、というときは、社内にいる読者の声に耳を傾けてみてください。成果が数字で目に見えるものとは限らないですし、それが社内に理解されていれば、きっと大丈夫です。

会社としてのぶれない軸をちゃんと持つことも大事だと思います。PVとか、そういう数字的な目標だけではなくて、会社のビジョンとか、ブランディングとかも含めてメディアやコンテンツを考える。揺るぎないコンセプトがあれば、コンテンツを作る幅はいくらでも広げられると思います。

Chapter 5

コンテンツマーケティング の未来

これからのコンテンツマーケティング

section 01 コンテンツマーケティングを取り巻く環境・トレンドの変化

コンテンツマーケティングが日本で認知されはじめてから、6年以上が経ちました。コンテンツマーケティングに取り組む企業もとても増え、インターネット上にはたくさんのコンテンツが溢れかえっています。これまでにどのような環境変化があったのか、現在のトレンドはどういったものなのか。コンテンツを取り巻く変化について話していきます。

コンテンツマーケティングを取り巻く環境の変化

この本を書いている現在は、まさにコンテンツ隆盛期です。何か悩みや課題があれば、身近な人に相談するよりも、スマホで検索する方がお手軽です。家から遠い繁華街に出かけてショッピングするよりも、快適な家の中で時間や体力を気にせずじっくりと商品を探す方が楽ですし、店員と話さなくても、サイト上で自分におススメの商品を教えてくれます。

コンテンツマーケティングは、BtoB・BtoCを問わず多くの企業や、アフィリエイトサイトを運営する個人事業主に至るまで、幅広いサイト運営者によって活用されています。しかし、コンテンツマーケティングに取り組むサイト運営者が増えたことによって、検索結果が無秩序になってしまった側面もあります。

■ 検索エンジンの対策により、低品質コンテンツが除外されていく

ユーザーにとって有益な情報は何なのか、知恵を絞り時間をかけて生み出したコンテンツは、非常に価値のある財産になっていると思います。しかし、現在のインターネット上には、あまり価値のない"薄っぺらい"コンテンツも多く溢れています。

過去、Googleは「外部リンク」を利用したSEO業者との戦いを繰り返し、不正に評価を得ようとするサイトを排除してきました。同じように、低品質コンテンツを量産するサイトの評価を下げ、ユーザーにとって価値のある情報をきちんと検索上位に出せるよう、検索エンジンは変わってきています。

□ 検索エンジンのアルゴリズムの変化

　検索エンジン最大手のGoogleでは、コアランキングアルゴリズムと呼ばれる、独自の基準で検索順位を決定しています。そして、それとは別でパンダアップデートと呼ばれる、低品質コンテンツの順位を下げるアルゴリズムも持っていました。

　パンダアップデートのように名前のついているアルゴリズムはいくつかありますが、環境の変化に合わせて都度大きなアップデートがなされ、その度にGoogle公式から更新発表されていました。パンダアップデートも、ユーザーにとって、より有益なコンテンツ提供ができるよう、アップデートを何度も繰り返してきました。しかし2016年1月に、パンダアップデートはコアランキングアルゴリズムに組み込まれました。

　それによって、パンダアップデートは、公式からの発表の無い、こまめな随時更新という形へと変化しました。それだけGoogleがコンテンツに寄せる想いは大きく、評価基準を微修正していく必要があるということです。

□ ユーザーのリテラシーも高くなっている

　コラム型コンテンツやキュレーション型のコンテンツにおいて、「いかがでしたか」という締めくくりで終わる記事を目にしたことはありませんか。すべての「いかがでしたか」コンテンツがそうだとは限りませんが、多くが情報の独自性が無く、内容の薄い内容だったりするため、ユーザーが「いかがでしたか」コンテンツに対して嫌悪感を抱くようになりました **01**。

　ブラックハットSEOがそうであったように、低品質コンテンツはサイトの評価を下げるものとして、完全に嫌われていくでしょう。コンテンツ提供側は「集客をする」、「問い合わせを獲得する」という利益にとらわれがちですが、"ユーザーにとって有益なコンテンツを提供する"という、本質的な部分を大切にしていきたいですね。

01

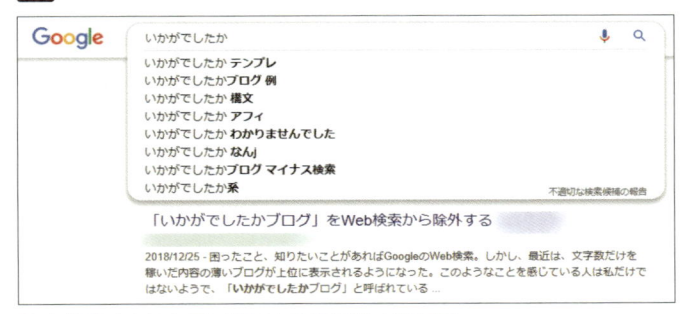

「いかがでしたか」コンテンツについての声が多くあります。

> 検索結果から「いかがでしたか」コンテンツを除外したいと思っているユーザーは多くいます。コンテンツがユーザーにとって重宝されるものだという状況をうまく利用し、SEO目的のためだけに、虚偽の情報を用いたり、過剰な表現を多用したり、似たようなコンテンツを寄せ集めて編集しただけの独自性のないコンテンツを量産するサイト運営者が増えました。しかし、そのような低品質コンテンツは、ユーザーにとって何の価値もありません。

> 過去には、「外部施策SEO」、「ブラックハットSEO」、「被リンク施策」と呼ばれるような、検索エンジンの評価を不正に操作するようなSEO施策が隆盛を極めた時代がありました。よそのサイトからの被リンクがたくさんあるということは、それだけ人に勧めたい素晴らしいサイトなのだろうという、検索エンジンの評価基準を利用し、被リンクをとにかく張りまくるというものです。検索順位がそのように操作されると、ユーザーにとって価値のある情報を提供することはできないため、厳しい取り締まりがされていったのです。

コンテンツマーケティングにおけるトレンドの変化

コンテンツマーケティングを取り巻く環境はこのように変化していきました。では、コンテンツマーケティング自体のトレンドは変化しているのでしょうか。

■ 独自性・専門性の高さがポイントに

似たようなコンテンツが数多くある場合、よりユーザーにとって有益になると判断されたコンテンツが上位表示されます。"ユーザーにとって有益かどうか"の判断基準のひとつは「独自性」や「専門性」です。きちんとした専門家や、その業種業界での著名人が書いたコンテンツは、読み手にとっても安心感があります。

□ YMYL（Your Money or Your Life）

2017年12月に、「健康アップデート」という、医療や健康などに関するコンテンツに対する精査を目的としたアルゴリズムアップデートがありました。パンダアップデートやペンギンアップデートなど、多くのアルゴリズムは、世界中の国々が対象ですが、健康アップデートは、医学的根拠の無い情報が多く上位に表示されていたことにより、日本のみに適応されたアップデートです。健康や医療に関わる検索の約6割が影響を受けたため、多くのサイトの順位が入れ替わり、大きな話題になりました。また、2018年8月のコアランキングアルゴリズムのアップデートでは、金融関係の検索で大きな変動が起こりました。

こうした、「健康」「医療」「お金」「法律」など、ユーザーの生活に関わるコンテンツは、「Your Money or Your Life」略して「YMYL」と呼ばれ、他のジャンルのコンテンツに比べて、より高い品質が求められます。人の生死に関わるような内容となるので、慎重に制作すべきです。もしYMYLに関するコンテンツを制作する場合は、専門家に監修してもらったり、公的機関のデータを使用するなど、内容に細心の注意を払いましょう。

■ デバイスの変化

あなたは、普段何か調べものをしたり、商品を購入する際、どんなデバイスを使用していますか。筆者は、職場では主にPCを使っているため、業務関わる調べものや問い合わせはすべてPCで行っています。しかしプライベートにおいては、ちょっとした調べものから、商品購入まで、ほとんどをスマートフォンかタブレットで完結させています。多くの方が同じようなデバイスの使い分けをしているのではないでしょうか。

総務省が発表した「平成30年通信利用動向調査」**02** によると、

> 情報の専門性が高くなると、付随して情報量も多くなるものです。近年では、かなり詳細に記載された長文コンテンツがよく露出している印象です。
> もちろん、意味もなく冗長になる表現を多用するような形で長文を担保するのではなく、きちんと内容の伴ったコンテンツとなっていることが重要です。

個人のインターネット接続機器の使用率において、スマートフォンの割合が59.5％と、PCの48.2％を上回っています。家庭でのインターネット利用においては、PCよりもスマートフォンのほうが主流となっているわけです。

　つまり、BtoCにおけるコンテンツは、スマートフォンでの閲覧を前提として作っていく必要があります。文字のサイズや、ポップアップのサイズ、画像の解像度、ボタンのサイズなど、いままでPCでの閲覧を想定していたコンテンツだった場合、スマートフォンに合わせて変更をする必要が出てきたわけです。

02 総務省の「平成30年通信利用動向調査」より抜粋

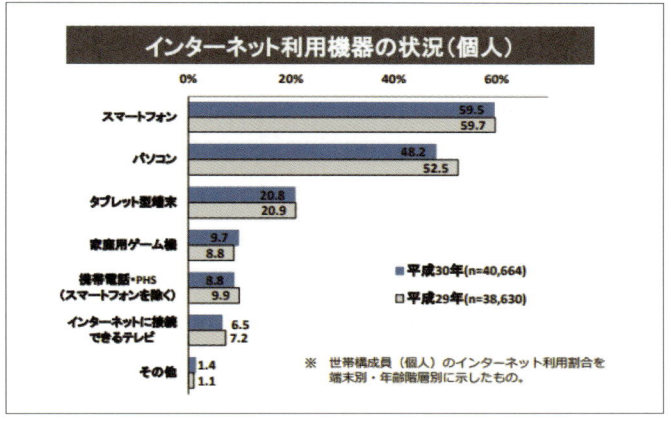

参考URL：http://www.soumu.go.jp/

□ モバイルファーストインデックス

　このようなデバイスの変化を受け、検索エンジンもスマートフォンでの閲覧を想定したサイト構成に重きを置くようになりました。それが、「モバイルファーストインデックス（MFI）」という仕様です。これまで検索エンジンは、PCサイト向けのコンテンツをもとにサイトの評価を決定していました。しかし、モバイルファーストインデックスでは、その名の通り、モバイルサイトをもとに評価をしていくということになります。

　自身のサイトが、PCでの閲覧を想定した構成だった場合、検索順位が落ちてしまうこともありますので、早めに対処していきましょう。また、スマートフォンユーザーに使いづらい仕様だということなので、ユーザビリティの観点でも良くないですよね。「そもそもPCサイトしか用意していない」、「PCサイトとスマホサイトのURLを分け、スマホサイトではコンテンツを減らしている」このようなサイトの場合、特に影響を受けやすいので注意しましょう。

2019年7月以降に制作されたサイトでは、デフォルトの仕様となっているので、すべてのサイトにモバイルファーストインデックスが適用されています。自身のサイトがモバイルファーストインデックスに移行しているかどうかは、Search Consoleで確認することができます。

section 02 コンテンツマーケティングは今後どうなる？

ここまで、コンテンツマーケティングの基礎知識から実践方法、成功事例など、いろいろな話をしてきました。いよいよ最後の話です。コンテンツマーケティングは今後どうなるのか。考えるととても楽しいものですね。筆者の考えるコンテンツマーケティングの未来について話していきます。

コンテンツマーケティングは今後どうなるのか

コンテンツマーケティングの未来については、「デバイスや配信手段の変化」と「AIを使った自動化」、そして「パーソナライズ化」がポイントになってくるのではないでしょうか。

■ デバイスや配信手段の変化

筆者が小中学生の頃、個人でケータイ電話を持っている友達はほとんどいませんでした。連絡には家の固定電話を使ったり、箱型のPCでEメールのやり取りを楽しんでいました。SNSも未成熟だったので、自分でHTMLやCSSを書き、個人サイトを作ってみたり。はじめて携帯電話を買ってもらったときは、嬉しくてずっと写真を撮っていた記憶があります。少ないお小遣いから着メロを買うのも楽しみでした。

しかし、今の学生はどうでしょうか。ひとり1台はスマートフォンを持ち、複数のSNSアカウントを使い、動画を自分で撮影・編集して楽しんでいます。小さな頃の筆者では想像もつかない未来です。コンテンツの話に戻りますが、今後もデバイスの成長は続いていくでしょう。Google GlassやVRのような、仮想現実に近いリアルなCGコンテンツ配信や、動画コンテンツの波はどんどん大きくなっていくことが予想されます。

現時点でも、漫画コンテンツや動画コンテンツなど、ビジュアルで直感的に訴えるコンテンツに注目が集まっていますね。コンテンツマーケティング登場当初は、あまり動画コンテンツを使いこなしているサイトが無かったのですが、現在の主流は動画になりつつあります。

また、現在は個人でスマートフォン用のアプリケーションを作成することは、まだまだハードルが高いですが、近い将来では個人でアプリを簡単に作ることのできる時代になるでしょう。コンテンツの配信は、現在はまだインターネット上でのWebサイト公開が主流ですが、数年後には企業だけではなく、アフィリエイターなどの個人が作ったアプリが乱立するようになるのではないでしょうか。

インターネット業界は、変化がとても激しいです。明日にもスマートフォンに変わる新しいデバイスが発表され、世の中の常識になるかも知れません。コンテンツは、ユーザーに寄り添っていくものだと思います。その時々のデバイスの変化に合わせ、適切な配信手段でコンテンツ制作ができるよう、変化に敏感になっていきたいものですね。

■ AIを使った自動化

AI・人工頭脳の進化は凄まじく、AIをテーマにした展示会は毎年出展社数を伸ばし、多くの来場者で賑わっています。総務省が発表した平成30年度のアンケートでは、AIツールを導入・または検討している企業は20%を超えていました **01** 。

サイトに必要なコンテンツ案や、タイトル・構成を考えてくれるというツールが開発されたりと、AI化の波は年々大きくなっています。最終的には人間によるリライトが必要かも知れませんが、ほとんどの企画・ライティングを自動化ツールするが出てきてもおかしくはないのです。

□ SEO目的のコンテンツのAI化

SEO目的のコンテンツの場合、あまり工数や費用をかけずに量産したいという企業も多いため、価格メリットで勝負をしているコンテンツ制作会社では、AIツールを使ったコンテンツ制作が増える可能性が高いと思います。そうなれば、いかに安価でボリュームのあるコンテンツが作れるのかというところで、ツール会社やコンテンツ制作会社の価格競争が激化するでしょう。

□ **マーケティングツールのAI化**

　また、MA（P.181参照）に代表される、マーケティングツールもどんどん進化しています。ユーザーに最適なコンテンツをAIが企画・制作し、アクションに合わせて自動メール送信をして、というように"勝ちパターン"に合わせたマーケティング全体の自動化がどんどん加速していくのはとても楽しみですね。

01　総務省の「平成30年通信利用動向調査」より抜粋

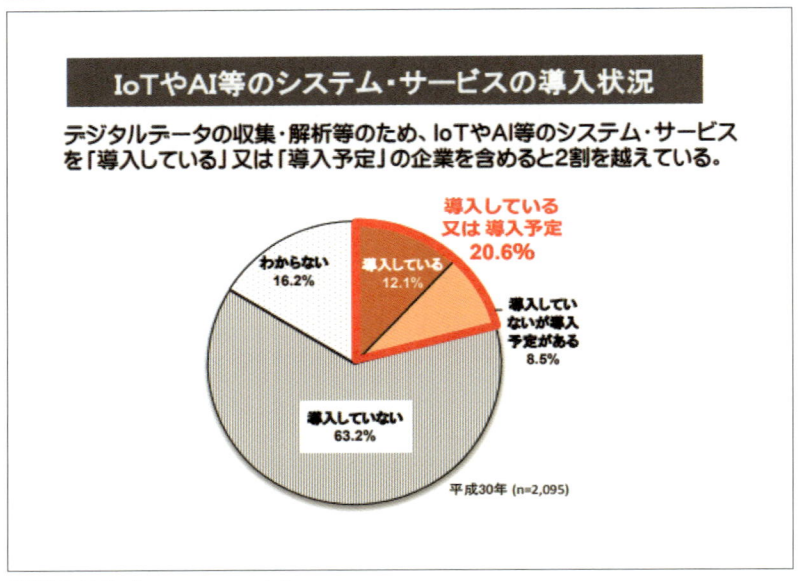

参考URL：http://www.soumu.go.jp/

■ **パーソナライズ化**

　先程のAI化とは反対に、コンテンツのパーソナライズ化も進んでいくでしょう。自動化ツールを使って安価なコンテンツが量産できるようになってくると、今よりさらに検索エンジンによる"低品質コンテンツ"の規制が激しくなることが予想されます。大量の類似コンテンツの中から、自社のコンテンツを見つけてもらうためには、よりターゲティングを絞ったコンテンツを提供していく必要があります。

　現在、スマートフォンやタブレットの役割は増え続け、日々の検索行動から、商品購入、SNS利用、動画閲覧に至るまで、生活の一部となっています。活用の幅はオンライン上だけに限らず、クレジットカードの電子化や、決済アプリの拡散に伴い、リアルでも広がっています。それは、デバイスや利用アプリなどのツールにとても多くの情報が蓄積されているということです。

企業は、こういったビッグデータを活用することで、よりユーザーに合わせてパーソナライズ化された情報提供をすることが可能になってきます。現在時点では、まだ有効な活用ができている企業もそう多くないですが、これからは「ビッグデータ×コンテンツ」の活用に注目が集まりそうです 02 。

02 総務省の「平成30年通信利用動向調査」より抜粋

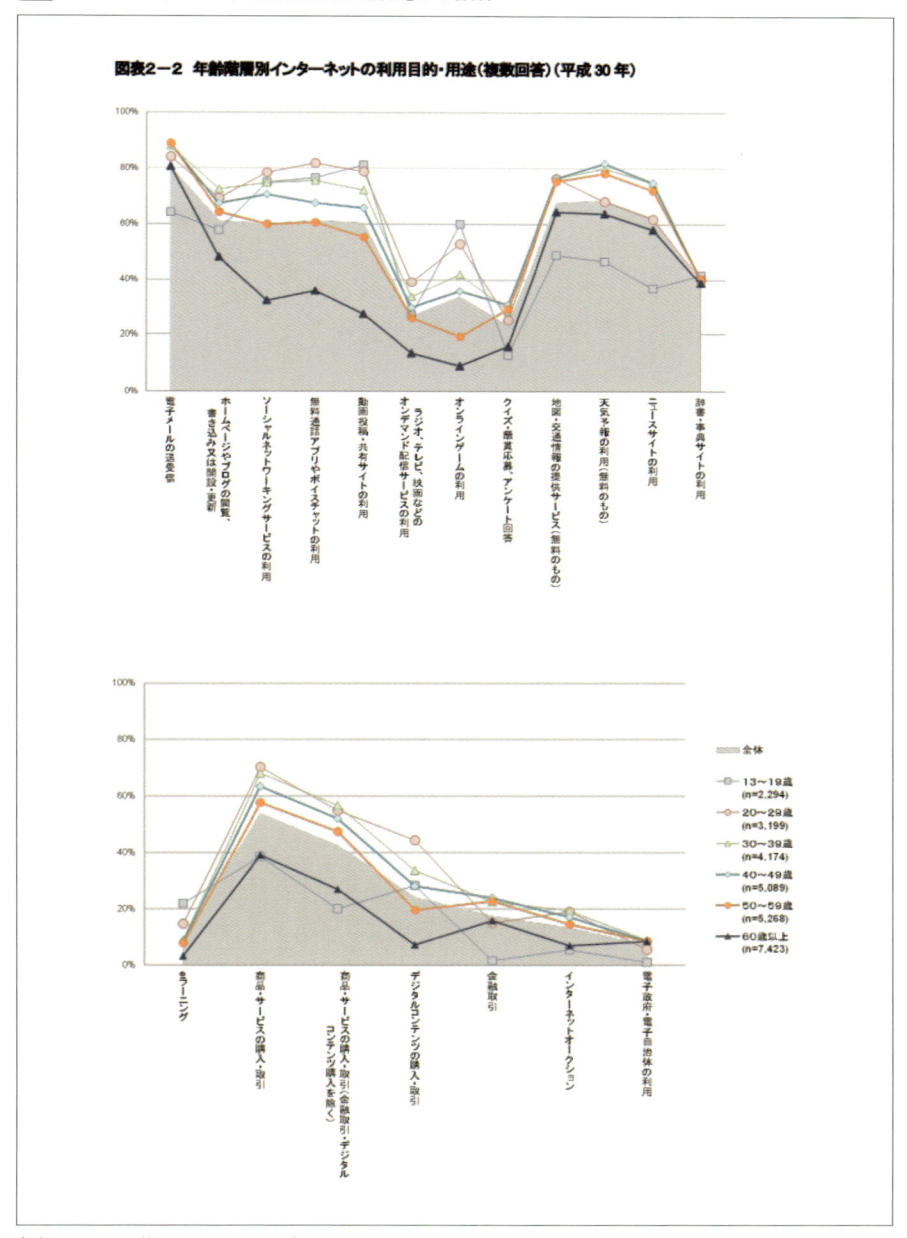

Index 用語索引

おわりに

　この本では、"コンテンツマーケティングを成功に導くためのノウハウ"を余すことなくご紹介してまいりました。コンテンツマーケティングのKPIや取り組み方は、会社によって本当にさまざまですが、成功している多くの企業が持っている特徴には、「短期的な成果で考えない」、「目的やゴールをしっかり持っている」、「戦略に合わせたコンテンツ企画をしている」ということが挙げられます。

　「なぜコンテンツマーケティングに取り組むのか」、という目標に合わせた戦略設計をし、ユーザーファーストのコンテンツを作る。そして、短期的な成果だけで判断せず、継続的にコンテンツを配信しながら、時間をかけてメディアを育てていきましょう。

　何より大切なのは"ユーザーファースト"です。コンテンツはユーザーに寄り添っていくものだと思います。その時々のデバイスやユーザー動向の変化に合わせ、柔軟な戦略を立てるようにしましょう。本書がみなさまのコンテンツマーケティング成功のきっかけになれれば、これほど嬉しいことはありません。

徳井ちひろ

著者プロフィール

本書のCHAPTER 2、CHAPTER 3の執筆を担当

敷田憲司
フリーランス(屋号『サーチサポーター』)

Webマーケティング専門コンサルタント。大学卒業後、メガバンクのシステム部に9年以上常駐し、後に大手SEO会社に転職して独立。コンテンツの企画・作成も手掛け、ライター業もこなす。著書は『販促・PR・プロモーション　ネット戦略のやさしい教科書。　小さな予算で最大限に知名度と成果を上げる6つの宣伝術』、『できるところからスタートする　コンテンツマーケティングの手法88』(いずれもエムディエヌコーポレーション刊、共著)など多数。

[URL] https://s-supporter.jp/
[Twitter] https://twitter.com/kshikida
[Facebook] https://www.facebook.com/kshikida

本書のCHAPTER 1、CHAPTER 4、CHAPTER 5の執筆を担当

徳井ちひろ
ディーエムソリューションズ株式会社 マーケティング室 リーダー

大学卒業後、新卒としてディーエムソリューションズへ入社。トップセールスとして営業をこなし、3年目にはマーケティング担当に抜擢され、自社メディアの運営や、展示会・セミナーの運営、リスティング広告の運用、MA・SFAを使ったリードナーチャリングなどのマーケティング分野に尽力。2019年にMA「SATORI」のエヴァンジェリストに選出される。オウンドメディアの流入を3倍、リード数を10倍にするなどの成果を上げ、多くのメディアで取材されている。著書に『最新SEO完全対策・成功の指南書　結果を出し続けるこれからの手法』、『オウンドメディアのやさしい教科書。　ブランド力・業績を向上させるための戦略・制作・改善メソッド』(いずれもエムディエヌコーポレーション刊、共著)がある。

取材協力
サイボウズ株式会社
キンコーズ・ジャパン株式会社
株式会社BAKE

● **制作スタッフ**

装丁	赤松由香里（MdN Design）
本文デザイン・イラスト	加藤万琴
編集・DTP	株式会社ウイリング
編集長	後藤憲司
担当編集	塩見治雄

KPI・目標必達の
コンテンツマーケティング
成功の最新メソッド

2019年10月11日　初版第1刷発行

著者	敷田憲司、徳井ちひろ
発行人	山口康夫
発行	株式会社エムディエヌコーポレーション 〒101-0051　東京都千代田区神田神保町一丁目105番地 https://books.MdN.co.jp/
発売	株式会社インプレス 〒101-0051　東京都千代田区神田神保町一丁目105番地
印刷・製本	中央精版印刷株式会社

Printed in Japan

定価はカバーに表示してあります。

【 内容に関するお問い合わせ先 】

株式会社エムディエヌコーポレーション カスタマーセンター メール窓口

info@MdN.co.jp

本書の内容に関するご質問は、Eメールのみの受付となります。メールの件名は「KPI・目標必達のコンテンツマーケティング　質問係」とお書きください。電話やFAX、郵便でのご質問にはお答えできません。ご質問の内容によりましては、しばらくお時間をいただく場合がございます。また、本書の範囲を超えるご質問に関しましてはお答えいたしかねますので、あらかじめご了承ください。

【カスタマーセンター】

造本には万全を期しておりますが、万一、落丁・乱丁などがございましたら、送料小社負担にてお取り替えいたします。お手数ですが、カスタマーセンターまでご返送ください。

【落丁・乱丁本などのご返送先】

〒101-0051　東京都千代田区神田神保町一丁目105番地
株式会社エムディエヌコーポレーション カスタマーセンター
TEL：03-4334-2915

【書店・販売店のご注文受付】

株式会社インプレス　受注センター
TEL：048-449-8040 ／ FAX：048-449-8041

ISBN978-4-8443-6933-2　　C2034